L'AVIS DES MOTS
Les mots allemands racontent

Waltraud Legros

Du même auteur paru chez ellipses :

- *Réussir le thème allemand*
- *Réussir l'oral d'allemand*
- *S'exprimer en allemand*

All rights reserved. No part of this book may be reproduced or transmitted in any form or by any means, electronic or mechanical, including photocopying, recording or by any information storage and retrieval system, without permission in writing from the Publisher.

La loi du 11 mars 1957 n'autorise que les "copies ou reproductions strictement réservées à l'usage privé du copiste et non destinées à une utilisation collective". Toute représentation ou reproduction, intégrale ou partielle, faite sans le consentement de l'éditeur, est illicite.

 COPYRIGHT 1995

EDITION MARKETING
EDITEUR DES PREPARATIONS
GRANDES ECOLES MEDECINE
32, rue Bargue 75015 PARIS

ISBN 2-7298-9522-1

"Car le mot, qu'on le sache, est un être vivant."

Victor HUGO

Qu'une chose soit dite d'entrée de jeu : ce petit livre n'est pas un manuel d'allemand. Ni un dictionnaire, ni une grammaire, ni un cours de civilisation, encore qu'il longe et franchisse sans cesse les frontières entre ces domaines. Nécessairement, puisqu'il donne la parole aux mots, spécialistes des lisières par vocation.

Ainsi ce livre invite-t-il plutôt à une promenade buissonnière à travers la langue allemande, où l'on s'arrête à tel ou tel mot qui a quelque chose à raconter. Sur son origine, son histoire, son sens souvent pluriel, toujours en devenir. Le choix de ces "haltes" est délibérément – et nécessairement – subjectif, de même que l'itinéraire de la promenade, tracé en pointillé comme le sont, sur les cartes, les projets de routes ou les sentiers incertains des montagnes. Et le but n'est pas tant d'acquérir un savoir – si possible monnayable –, le but, si tant est que but il y a, serait plutôt de découvrir ou de redécouvrir le plaisir de regarder, d'écouter, de s'étonner. Nous connaissons tous ces retours de voyage où pendant un certain temps, parfois très bref, les choses les plus familières ont comme une grâce de "première fois". Il en est de même lorsque nous voyageons dans une autre langue : la nôtre, celle que nous croyions connaître, nous apparaît soudain comme ayant retrouvé une étrangeté féconde. N'est-ce pas cela, d'ailleurs, que l'on pourrait appeler "le don des langues" ?

Nous allons donc passer un moment avec les mots de la langue allemande. Cela pourrait être, pour cet effet de retour que nous venons de dire, toute autre langue, toute langue autre. Mais puisque c'est de l'allemand qu'il s'agit, profitons-en, et regardons un peu ce que cette langue peut nous apprendre sur nos voisins, sur leur manière d'être, sur leur "culture" comme on dit. Un mot très à la mode, la culture, mais aussi un mot très vague. On pense à la littérature, aux musées, à toutes ces choses somme toute inutiles dont s'occupent désormais de rares spécialistes, ou encore des gens un peu en marge de notre monde moderne, c'est-à-dire rationnel et pressé...

Et si la manière de se dire bonjour, de fêter Noël, la manière de construire ses phrases ou de nommer les choses, c'était "déjà" de la culture, et élémentaire celle-là ? Quand nous voyons que pour un Allemand, le sens d'une phrase, d'un mot composé, se déchiffre à rebours, que pour lui, un même mot désigne "la faute" et "la dette", un autre "l'offrande" et "la victime", un autre encore "la paresse" et "la pourriture", quand nous découvrons que dans sa langue, "penser" et "remercier", "fortune" et "pouvoir", "culture", "imagination" et "vanité" sont de la même famille, est-ce que cela ne nous dit pas déjà, pour ces quelques notions prises au hasard, quelque chose sur sa manière de regarder le monde ? Est-ce que nous ne prenons pas conscience alors, et alors seulement, de notre manière à nous de regarder ce même monde ?

Qu'est-ce que la réalité ? Une simple histoire de mots ?

Sommaire

Baukasten / Jeu de construction 7
La langue, contraintes et libertés – Au commencement était le verbe – Le sens, c'est dans l'autre sens – Les mots composés – Quelques superlatifs – Particules verbales – Préfixes – Suffixes – Mots sans frontières – Faux amis – Umlaut – Buchstabe – lesen

Land und Leute / Le pays et les gens 37
deutsch – Volk – Heimat – Bürger – Kurfürst – Emser Depesche – Reich – Macht – Kanzler – Bundestag – Recht – arbeiten – verdienen – Mark – Währung – Wette – Bildung – Erziehung – gehorchen – heißen – mündig – grüßen

Leib und Seele / Corps et âme 69
Geburt – Leben – Tod – Wesen – nicht – Mensch / Mann – Frau / Weib – Leib / Körper – Haupt / Kopf – Gift / Gabe – Angst / Furcht – Not – Seele – Gemüt – Sehnsucht – Ehrgeiz – Schuld – Sintflut – Opfer – Trost

Dichten und Denken / Poésie et pensée 101
Erlkönig – Ballade – Vers – Lied – Märchen – Sturm und Drang – Aufklärung – Weltanschauung – denken – Witz – bedeuten – meinen – Begriff – Ding / Sache – aufheben – Zweifel – Beispiel – Aufgabe

Lebens-Kunst / Art de vivre 129
Kunst – B-A-C-H – Rokoko – Sanssouci – Biedermeier – Jugendstil – Kakanien – Bauhaus – Verfremdungseffekt – Zapfenstreich – Fastnacht – Mahlzeit – Kartoffel – Mutterkorn – Stiefmütterchen – Advent – Weihnachten – Ostern – Pfingsten – Jahr

Index français et allemand 159

Baukasten

Jeu de construction

*"Wer fremde Sprachen nicht kennt,
weiß nichts von seiner eigenen."*
GOETHE, Maxime und Reflexionen

A LANGUE, CONTRAINTES ET LIBERTÉS

Certes : une langue ne se réduit pas à un répertoire de mots dont chacun désignerait une "chose" bien précise. Elle est un système d'articulations et de combinaisons, un véritable jeu de construction qui permet, à partir d'un nombre défini – et étonnamment modeste – de phonèmes transcriptibles au moyen d'environ 26 lettres, de produire une quantité pour ainsi dire illimitée d'unités douées de sens.

Il y a donc des lois plus ou moins contraignantes qui veillent à ce que ces combinaisons soient intelligibles, communicables, et c'est la raison pour laquelle on parle communément d'une langue comme d'un "code". Qu'est-ce que cela veut dire ? Qu'un vouloir-dire est "encodé" par le locuteur, entendu, et "décodé" par l'interlocuteur. C'est là, déjà, que l'aventure commence, car le pouvoir-dire d'un mot, on le sait, reste toujours en-deçà du vouloir-dire du sujet parlant ou écrivant, en même temps qu'il déborde ce vouloir-dire de façon à la fois merveilleuse et inquiétante. Rappelons l'exemple classique : si je prononce le mot "arbre", pensant à un arbre bien précis, celui de certaines vacances ou d'un horizon familier, personne ne pourra voir "mon" arbre, et c'est une réduction de mon vouloir-dire ; mais en même temps, le mot entendu fait surgir, dans la représentation de chacun, un arbre bien précis, si bien qu'il va y avoir, au bout du compte, une multitude d'arbres, d'histoires, de bouts de vie. Et tout se passe comme si cette richesse évocatrice infinie ne pouvait se produire qu'en raison d'une perte – celle de "mon" arbre –, et de l'acceptation de cette perte.

C'est une douce illusion, donc, que de croire que l'incommunicabilité n'est qu'une question de vocables, qu'elle est le fait de la rencontre de deux langues, "étrangères" l'une à l'autre. Toute parole est traduction, et toute traduction est "trahison", sinon, comment parlerait-on, à l'intérieur d'une même langue, de malentendu, de dialogue de sourds, d'incompréhension, parce qu'"on ne parle pas la même langue" ? C'est bien dans cet espace mouvant entre l'infini possible des dires et l'impossible de tout dire qu'une langue vit, que nous vivons.

Les mots aussi vivent. Chacun a un passé, un présent, un avenir. Chacun a une voix aussi, et un corps. Mais qui prend encore le temps, aujourd'hui, d'écouter un mot, de le démonter pour voir un peu de quoi il est fait, de l'entendre là où il dit son essence, ou son équivoque ?

Écouter, oui. Car toute langue est d'abord sonorité, toute langue résonne avant de raisonner. L'allemand aussi. L'allemand surtout.

Comment ?! L'allemand, cette langue hérissée de consonnes raclées, privée de la douceur des nasales, cette langue où chaque lettre se prononce et qui attaque plus qu'elle ne coule, serait de la musique ? Certes, l'allemand est ce qu'on appelle une langue à scansion, les accents toniques à l'intérieur de chaque mot sont très marqués et s'ajoutent aux intonations de la phrase, elles aussi à très forte amplitude si l'on peut dire. Et c'est peut-être cette alternance d'accents forts et faibles qui a valu à l'allemand la réputation d'être une langue dure, heurtée, une langue de semonces plutôt que de berceuses. Mais c'est oublier les consonnes sonores, les syllabes non accentuées qui, sans être muettes, sont comme un écho d'elles-mêmes. C'est oublier le *Lied* allemand, par exemple, qui est d'abord musique des mots ! Il suffit de bien écouter — non pas les discours de certains hommes politiques à la radio peut-être, mais des enfants qui jouent, des jeunes qui discutent à la sortie d'un film, une mère qui raconte *Cendrillon* à son enfant..., et on ne pourra pas ne pas entendre la souplesse mélodieuse et rythmique de cette langue !

Mais l'allemand raisonne aussi, bien sûr. Comme toutes les langues, l'allemand a ses lois, ses flexions et inflexions, autrement dit : sa grammaire. Et nombreux sont ceux qui, à première vue, n'y voient qu'embûches, pièges et contraintes, et il est vrai que l'on peut facilement faire une "faute" de grammaire par mot et trouver cette langue "difficile". Pourtant : non seulement ces règles ne sont pas si nombreuses que cela, mais à l'intérieur d'elles, quelle liberté ! Ce n'est pas malgré ses règles que l'allemand est la langue "des poètes et des penseurs", mais bien grâce à elles !

Pour s'en convaincre, il suffira de jeter un coup d'oeil sur les deux caractéristiques fondamentales de la syntaxe allemande : la place du verbe et du groupe verbal d'une part ; la structure "régressive" de la phrase allemande d'autre part. Qu'un verbe puisse se scinder et enserrer la quasi totalité d'une proposition un peu comme le ferait une pince, que le sens de la phrase allemande se déchiffre "à rebours", c'est-à-dire de droite à gauche, voilà de quoi déconcerter un Français, en effet. De quoi lui donner le vertige à la seule idée d'avoir un jour à suivre quelque conversation que ce soit. De quoi aussi, cependant, le conduire à s'émerveiller de tant de "jeu" à l'intérieur de tant de rigueur. Car le mot a beau être porteur de son histoire, de ses souvenirs de voyage, de ses accidents de parcours, il ne peut en parler qu'à partir de la place qu'il occupe dans ce que l'on appelle la proposition, la phrase, l'énoncé, le discours, le texte[1].

Bien entendu, ces deux phénomènes – la place du verbe et la structure régressive – sont en fait indissociables. Mais c'est comme pour un tableau où tout est présent en même temps : pour le décrire, il faut bien commencer par un bout...

U COMMENCEMENT ÉTAIT LE VERBE

Les petits écoliers allemands, avant de parler de *Verbum*, appellent le verbe : *Tun-Wort* : le mot qui dit le "faire", qui dit ce que l'on "fait". Et c'est bien la conclusion à laquelle arrive Faust – ou GOETHE – quand, pour traduire *"in principio verbum erat"* (un "principe" fondateur dont nous ne prélevons ici que le sens le plus étroit, strictement grammatical du mot "verbe"), il traduit successivement "*verbum* "par *das Wort* : le mot –, *der Sinn* : le sens –, *die Kraft* : la force –, et enfin *die Tat* : l'action.

> *"Mir hilft der Geist ! auf einmal seh' ich Rat*
> *Und schreib' getrost : Im Anfang war die Tat !"*

> "L'Esprit me vient en aide ! je vois soudain la solution
> Et, rassuré, j'écris : Au commencement était l'Action !"

Tun-Wort, donc.

La première règle, concernant le verbe, dit : dans toute proposition indépendante, dans toute proposition principale en première position, le verbe est impérativement à la deuxième place. Ce qui donne, dans un premier temps, une structure tout à fait semblable au français :

> *Die Kinder / **spielen** / im Hof.*
> Les enfants / jouent / dans la cour.

---

[1] Ce n'est pas un hasard si la langue allemande a deux pluriels pour le mot, *das Wort* : *die Wörter*, ce sont les vocables que nous trouvons dans le *Wörterbuch*, le dictionnaire ; mais les mots devenus parole se disent : *die Worte*.

Mais déjà, on peut se mettre à jouer :

*Im Hof / **spielen** / Kinder.*
Dans la cour, / il y a des enfants / qui jouent.

L'information principale porte sur *Kinder*, la question serait : "Qui est-ce qui joue dans la cour ?" – "Les enfants." Alors que le premier énoncé, *"Die Kinder spielen im Hof"* est la réponse à la question : "Où les (ces) enfants jouent-ils ?" – "Dans la cour." Continuons :

*Meistens / **spielen** / die Kinder / im Hof.*
La plupart du temps, / les enfants / jouent / dans la cour.

On remarquera, dans la phrase allemande, l'absence de virgule. Ce n'est que logique : le verbe est en deuxième position, et mettre une virgule serait le placer en première position. Or, seule dans l'interrogative directe le verbe est en première position – le pronom interrogatif est considéré comme faisant partie du verbe.

Treffen sich *die Kinder nach der Schule im Hof ?*
Après l'école, les enfants se retrouvent-ils dans la cour ?

Warum spielen *die Kinder im Hof ?*
Pourquoi les enfants jouent-ils dans la cour ?

Mais revenons à l'affirmative : il n'est pas juste de parler d'"inversion du sujet" comme on a pu le faire. Le sujet, en allemand, n'a pas de place fixe par rapport au verbe, et s'il ne précède pas le verbe, il ne vient pas forcément se placer immédiatement après. Il peut très bien avoir à "attendre son tour", le temps d'un pronom :

Meistens / grüßen / mich / die Kinder / schon von weitem.
La plupart du temps, / les enfants / me / saluent / déjà de loin.

Il est des cas de figure, assez rares il est vrai, où la déclinaison n'aide pas à distinguer le sujet du complément. C'est alors l'intonation qui "décide", et le contexte – mais il se peut bien sûr que l'ambiguïté soit voulue par l'auteur de la phrase :

*Diese Werte / **retten** / die Künstler.*
1. Ces valeurs sauvent les artistes.
2. Ce sont les artistes qui sauvent ces valeurs.

Les choses deviennent plus intéressantes encore quand nous avons affaire à un verbe "à particule séparable", ou à un temps composé, ou encore à toute autre structure verbale complexe. Car il faut nuancer alors la première règle sur la place du verbe et dire : la partie conjuguée du groupe verbal est impérativement en deuxième position, le "reste" figure en fin de proposition. Or, c'est souvent ce "reste" qui véhicule l'information décisive. Ce qui peut créer une sorte de "suspense" :

> *Endlich **machte** er das Fenster dann doch **zu**. (zu/machen : fermer)*
> Finalement, il ferma tout de même la fenêtre.
>
> *Endlich **machte** er das Fenster dann doch **auf**.*
> Finalement, il ouvrit tout de même la fenêtre.
>
> *Er **hat** das Fenster dann schließlich doch **zugemacht**.*
> Il a tout de même fini par fermer la fenêtre.

On peut prolonger ce suspense, créer une tension, une attente, jouer de cette indécision :

> *Er **wird** den Brief sicher erst morgen oder übermorgen, vielleicht sogar erst in einigen Wochen... **öffnen** / beantworten / abschicken / zurückschicken.*

Le futur étant en allemand un temps composé, il faut attendre la chute de la phrase pour savoir ce qu'"il fera, sans doute pas avant demain ou après-demain, peut-être même seulement dans quelques semaines", de cette fameuse lettre : va-t-il l'ouvrir ? y répondre ? la poster ? la renvoyer ?

On imagine la gymnastique d'esprit de l'interprète faisant la traduction simultanée du discours d'un homme politique, par exemple, dont on sait le goût pour la phrase alambiquée ! En même temps que nous sommes là en présence d'une des particularités les plus passionnantes de la langue allemande : l'essentiel n'est livré qu'à la fin. Voilà pourquoi, dans la pratique, la fameuse "deuxième place" du verbe conjugué est confiée aussi souvent que possible à un auxiliaire. Cela permet au verbe, porteur de sens par excellence, de figurer en fin de proposition.

La preuve : l'enfant de langue allemande qui commence à parler, se sert dans un premier temps du verbe *tun* comme d'un auxiliaire, ce qui lui permet de placer le verbe "principal" à la fin :

> *Ich **tu** jetzt mit dem Peter **spielen**.*
> Je suis en train de jouer avec Pierre.

> *Er **tut** mich aber immer vom Sessel **runter/stoßen**!*
> Mais c'est qu'il me pousse sans arrêt de la chaise !

On voit bien qu'un autre avantage de cette manière de parler est que le verbe est à l'infinitif et que de ce fait il reste "groupé".

Très souvent aussi, la deuxième place est confiée à l'un des six "verbes de modalité" – *können, dürfen, wollen, mögen, müssen, sollen* –, si riches en nuances sémantiques et qui permettent d'annoncer un vouloir / pouvoir / devoir faire, ... mais quoi ? L'enfant, à mesure qu'il progressera dans le maniement de la langue, va d'ailleurs remplacer l'"auxiliaire" *tun* par un "auxiliaire de mode" comme on les appelle aussi, et y trouver moyen de s'affirmer, mais aussi de ruser :

> *Ich **will** aber heute die Tasche vom Papa ... **allein tragen / nicht tragen**.*
> Mais la sacoche de Papa, aujourd'hui je veux la ... porter seul /ne pas porter.

On voit que l'enfant peut, en cours de route, et selon l'effet produit, changer de direction. Un "jeu" dont il use très tôt, ayant fort bien senti qu'il pouvait retarder sa chute ou la modifier au dernier moment. Il commence à comprendre que la langue est un "acteur".

Un pouvoir aussi. Et le pouvoir spécifique à l'allemand est cette possibilité de tenir son auditoire en haleine en différant sans cesse l'essentiel. L'attente du verbe, de la chute, peut devenir presque insoutenable – comme elle peut fasciner –, et ce n'est pas sans raison qu'en allemand "entendre", "obéir" et "être assujetti" sont de la même famille (voir GEHORCHEN).

La littérature allemande abonde en exemples où le verbe se fait ainsi attendre et l'on sait les problèmes que cela pose à un traducteur français, pour peu qu'il ait le souci de maintenir l'effet de cette attente.

Citons par exemple cette première phrase du récit *"Kaiserliche Botschaft"* – "Message impérial" – de Franz KAFKA :

> *"**Der Kaiser** – so heißt es – **hat Dir**, dem Einzelnen, dem jämmerlichen Untertanen, dem winzig vor der kaiserlichen Sonne in die fernste Ferne geflüchteten Schatten, gerade Dir hat der Kaiser von seinem Sterbebett aus **eine Botschaft gesendet**."*

La traduction littérale, respectant la syntaxe allemande, serait :

> *"**L'Empereur** – à ce que l'on dit – **t'a**, à toi en particulier, à toi, sujet lamentable, ombre infime ayant fui le soleil impérial jusque dans les

ultimes confins du monde, à toi précisément, l'Empereur a, de son lit de mort, **envoyé un message**."

Et voici la traduction que propose J. CARRIVE :

"C'est à toi, est-il dit, rien qu'à toi, à toi, pitoyable sujet, l'ombre infime que le Soleil impérial a fait se terrer à l'autre bout du monde, c'est à toi justement que l'Empereur de son lit de mort, l'Empereur ! a envoyé un Message !" (in : La Muraille de Chine, Folio, p. 104)

On voit que le traducteur relance à plusieurs reprises la phrase, opère une sorte de crescendo, là où KAFKA faisait jouer la seule tension de l'attente du groupe verbal, – du message justement ! Car cette phrase d'ouverture préfigure déjà tout le récit : le destinataire va attendre ce message qui n'arrivera – jamais, ou plus exactement, qui arrivera, mais à un moment à jamais différé.

C'est dire que la syntaxe a un sens, qu'elle est sémantique comme on dit, et au-delà de la simple insistance ou de la simple mise en relief de tel ou tel mot. En allemand, il est même possible de charger la syntaxe de la fonction d'infirmer, de contredire ce que disent les mots, comme le montre ce dernier exemple que je voudrais donner. Il s'agit d'une phrase de Heinrich von KLEIST, tirée d'une de ses nouvelles, *"Das Bettelweib von Locarno"* – "La mendiante de Locarno".

Voici, très succinctement, ce qui précède : la présence d'une mendiante, accueillie au château par pitié, irrite le marquis de retour de la chasse. Il ordonne sévèrement à la vieille femme de se rendre à l'autre bout de la pièce. La mendiante obéit, traverse la pièce, tombe, se blesse, et meurt. Quelques années après cet accident, le marquis désire vendre le château. Mais le premier acheteur potentiel affirme que la pièce – celle de l'accident transformée depuis en chambre d'hôte – est hantée, refuse d'y passer une seconde nuit, et repart.

Le marquis, agacé par ce stupide incident vite devenu rumeur, décide de passer lui-même une nuit dans cette chambre pour mettre fin à tous ces bruits :

> *"Dieser Vorfall, der außerordentliches Aufsehen machte, schreckte, auf eine dem Marchese höchst unangenehme Weise, mehrere Käufer ab ; dergestalt, daß, da sich unter seinem eigenen Hausgesinde, befremdend und unbegreiflich, das Gerücht erhob, daß es in dem Zimmer, zur Mitternachtsstunde, umgehe,* **er**, *um es mit einem entscheidenden*

Verfahren niederzuschlagen, **beschloß***, die Sache in der nächsten Nacht selbst zu untersuchen.* "

"Cet incident qui eut un extraordinaire retentissement, fit, d'une manière très désagréable pour le marquis, fuir plusieurs acheteurs ; de sorte que, comme parmi ses propres domestiques s'était, chose surprenante et incompréhensible, répandu le bruit que cette pièce, à l'heure de minuit, était hantée, **il**, afin de faire taire ce bruit par un procédé décisif, **décida**, et ce dès la nuit suivante, d'examiner lui-même l'affaire." (Le lecteur aura compris qu'il s'agit d'une "traduction" aussi littérale que possible.)

Que disent les mots ? Que le marquis décide de fournir lui-même les preuves de l'infondé de ces rumeurs.

Mais que dit la syntaxe ? Nous voyons que le sujet, *"er"*, est littéralement "coincé" entre deux virgules, dans un labyrinthe de subordonnées, et qu'il en est de même pour le verbe, censé exprimer, cependant, une "décision" ! C'est la syntaxe, et elle seule, qui nous révèle la vérité intérieure – et sans doute inconsciente – du marquis : malgré ses airs décidés, il est en fait dans une impasse, celle de sa mauvaise conscience, de son sentiment de culpabilité, de sa peur... Et KLEIST, sans le dire explicitement, nous donne à "voir", à comprendre cette vérité plus vraie que les mots. Voilà.

Toutefois : une phrase n'est pas dense et riche uniquement parce qu'elle est longue ! A la fameuse *Schachtelsatz* tant redoutée – la phrase à emboîtement du genre poupée russe – s'oppose le *Bandwurmsatz* – la phrase à rallonge, du genre tuyau de poêle – qui, elle, n'est plus ni dynamique, ni dense, ni tendue, mais simplement longue. C'est la phrase qui n'en finit pas, qui cherche à expliquer quelque chose, à apporter une retouche par-ci, une rectification par-là, qui n'arrive pas à se décider à être une phrase avec un point final et qui, finalement, bercée par sa propre monotonie, fatiguée de ses éternelles chutes du verbe, toujours en fin de proposition, finit par s'endormir, après avoir endormi son public. Un peu comme celle que vous venez de lire...

E SENS, C'EST DANS L'AUTRE SENS

En effet : **la structure** de la phrase allemande étant **régressive**, c'est à partir de la fin que s'éclaire son sens. Et ceci est parfaitement logique, puisque le groupe verbal, porteur d'information par excellence, est pour l'essentiel placé en fin de proposition. C'est donc en remontant de ce groupe verbal vers le début de la phrase que nous passons du plus important ou de l'information nouvelle (*Informationsteil*) au moins important ou déjà connu (*Bezugsteil*). Voici un exemple simple, à partir des éléments suivants :

Ich / habe / gegeben / das Geld / meinen Eltern / gestern.
Je / ai / donné / l'argent / à mes parents / hier.
1. *Ich habe gestern meinen Eltern **das Geld gegeben**. (Was ?)*
2. *Ich habe das Geld gestern **meinen Eltern gegeben**. (Wem ?)*
3. *Ich habe meinen Eltern das Geld **gestern gegeben**. (Wann ?)*

Les trois phrases répondent respectivement à la question :
1. Qu'est-ce que tu as donné à tes parents hier ? (L'argent.)
2. A qui as-tu donné l'argent hier ? (A mes parents.)
3. Quand est-ce que tu as donné l'argent à tes parents ? (Hier.)

Cette règle de la structure régressive ne vaut d'ailleurs pas seulement pour la phrase ou l'ordre des compléments dans la phrase. Elle vaut aussi pour **le groupe nominal**...

die roten Schuhe
les chaussures rouges

die Berliner Mauer
le mur de Berlin

dieser / vor kurzem / veröffentlichte / Roman
ce roman publié récemment

... pour **certains nombres** (de treize à quatre-vingt-dix-neuf) :

neunzehn ; einundzwanzig ; dreiundachtzig ; zweihundertvierunddreißig
dix-neuf ; vingt-et-un ; quatre-vingt-trois ; deux-cent-trente-quatre,

...ainsi que pour **les mots composés**, adjectifs ou substantifs :

himmel/blau : bleu-ciel ; *die Bundes/republik* : la République fédérale.

Mais les mots composés méritent que l'on s'y arrête un peu...

ES MOTS COMPOSÉS

L'allemand est connu et redouté pour ses mots composés, véritables "processions de lettres" comme les appelait Marc TWAIN en citant le célèbre *Donaudampfschiffahrtsgesellschaftskapitän*.

Mais nous, qui savons désormais que le sens d'un tel monstre se déchiffre à rebours, nous traduisons sans hésitation :

> *Donau/dampf/schiff/fahrts/gesellschafts/kapitän*
> Capitaine de la compagnie de la navigation à vapeur du Danube.

On peut d'ailleurs s'amuser à rallonger le mot, en parlant de "la veuve du capitaine de...", "de la rente de la veuve du capitaine de...", "de l'augmentation de la rente de la veuve du capitaine de...", etc. Théoriquement, il n'y a pas de limites. Sinon celle de ce que l'on appelle le style. GOETHE, dans une première version de son *"Prometheus"*, avait osé *Knabenmorgenblütenträume* : "Croyais-tu, lance-t-il à Zeus, que je vais haïr les hommes, m'enfuir dans le désert, parce que tous mes "rêves-fleurs-matin-enfant" n'ont pas abouti ?" Dans la version définitive, GOETHE ne gardera que les deux derniers éléments, mais le mot entier était bien à lui seul ce rêve !

Seulement voilà : cette possibilité merveilleuse qu'offre la langue allemande de combiner, voire de créer des mots, est aussi une aventure souvent hasardeuse, car le lien entre le déterminé et le déterminant n'est pas toujours un lien de complément de nom, loin s'en faut :

die Atempause est bien une pause pour respirer un peu,

die Arbeitspause est au contraire une pause où l'on ne travaille pas ;

die Denkpause est-est-elle alors une pause pour réfléchir, ou au contraire pour arrêter un peu de penser ?

Ein Juwelendieb est un voleur de bijoux,

ein Meisterdieb n'est pas pour autant un voleur de maîtres, mais un voleur passé maître en la matière.

Et ***"Der Hungerkünstler"*** de KAFKA ?

Le dictionnaire propose "le jeûneur" pour traduire le vocable, le récit de KAFKA a été traduit par "Le champion de jeûne". Mais si c'était aussi l'artiste crève-la-faim, ou celui qui fait de la faim – d'être, de savoir – un art, son art ? Ne s'agit-il pas aussi de l'artiste qui se nourrit de nourritures tout intérieures ?

Ou encore, – par analogie au *Taschenkünstler* : le prestidigitateur –, de cet imposteur qui trompe son monde en faisant passer pour un acte héroïque de privation ce qui, en fait, est pour lui jouissance ? Le récit de KAFKA permet et suggère toutes ces "lectures".

Le sujet est vaste, comme on voit, et l'on saura difficilement prétendre en faire le tour. Disons peut-être juste encore que l'allemand, par le jeu de ses mots composés, est souvent plus "parlant", plus imagé que le français et qu'il est des mots tellement riches et chatoyants qu'on les dit intraduisibles ou que l'on préfère, à côté de la traduction, mettre le terme allemand entre parenthèses, comme cela peut être le cas pour *Heimweh, Sehnsucht, Weltanschauung*, ... Nous reviendrons sur ces mots plus en détail.

UELQUES SUPERLATIFS

Ce qui est permis au substantif, l'est bien sûr aussi au verbe et à l'adjectif. Ce dernier connaît bien les degrés classiques positif – comparatif – superlatif *(schön – schöner – der schönste),* mais l'allemand se sert très volontiers d'un composé, rapide et économique, où l'image vient renforcer le terme de base et lui donner valeur de superlatif. Ainsi, par exemple :

blitzschnell : éclair / rapide : rapide comme l'éclair
steinreich : pierre / riche : riche comme Crésus
bettelarm : mendier / pauvre : indigent
blutjung : sang / jeune : très très jeune *(blutjunge Soldaten)*
kinderleicht : enfant / facile : enfantin, très facile
bildschön : image / beau : très belle *(eine bildschöne Frau)*
wunderschön : miracle / beau : merveilleux, sublime
windschief : vent / penché : complètement de travers
todkrank : mort / malade : malade à mourir
hundemüde : chien / fatigué : éreinté
herzensgut : coeur / bon : généreux, qui a bon coeur
felsenfest : roc / ferme : ferme, inébranlable
hauchdünn : souffle / mince : diaphane
rabenschwarz : corbeau / noir : noir ébène, et même :
kohlrabenschwarz : noir / charbon / corbeau : très noir
bleischwer : plomb / lourd : très lourd, de plomb *(bleischwere Müdigkeit)*
spindeldürr : fuseau / maigre : maigre comme un clou

kerzengerade : chandelle / droit : droit comme un i
sonnenklar : soleil / clair : clair comme le jour, évident
strohdumm : paille / bête : bête à manger du foin
pudelnaß : caniche / mouillé : trempé comme une soupe, *etc*.

Certes, ces "couples" sont pour la plupart mariés depuis longtemps, sont devenus conventionnels tout comme les images correspondantes en français, mais il n'est pas interdit, bien sûr, d'en inventer soi-même ...

ARTICULES VERBALES

Encore un chapitre passionnant – et infini – dont il ne saurait évidemment être question de faire le tour. Tout juste y ferons-nous un tour, pour voir un peu.

Ces particules ou "préfixes" ou encore "préverbes" sont de trois catégories :

1. Les particules inséparables *be-, emp-, ent-, er-, ge-, miß-, ver-, zer-* sont tout simplement des préfixes. Comme les préfixes français *sur*prendre, *re*voir, *entre*tenir..., ils font corps avec le verbe. Ils n'ont, en allemand, aucune signification propre, mais peuvent modifier considérablement le sens du verbe de base, et il y a peu de constantes. Ces préfixes sont toujours inaccentués.

2. Les particules séparables, elles, ne font corps avec le verbe qu'à l'infinitif ou dans la subordonnée. Elles ont une valeur sémantique propre – bien que souvent plurielle –, et se retrouvent souvent seules en fin de phrase, opérant ainsi cette tension entre le verbe de base et son complément sémantique dont nous avons déjà parlé. Elles sont toujours accentuées et peuvent provenir de diverses catégories de mots :

préposition : ***aus****/gehen* ; ***ab****/reisen* ; ***zu****/machen*
substantif : ***heim****/kehren* ; ***teil****/nehmen* ; ***rad****/fahren*
adjectif : ***fern****/sehen* ; ***fertig****/machen* ; ***frei****/sprechen*
verbe : ***spazieren****/gehen* : *litt.* : aller se promener

3. Les particules mixtes, tantôt séparables, tantôt inséparables sont : *durch-, unter-, über-, um-, voll-, wider-*. Une description un tant soit peu approfondie de ces particules mixtes dépassant le cadre de cet ouvrage, nous dirons simplement que le préfixe inséparable est toujours inaccentué, la particule séparable toujours accentuée. Aucune autre "règle", hélas, ne peut à coup sûr venir en aide à l'apprenant, quoi qu'en disent les grammaires sur le sens concret et dérivé, le premier et le second degré, etc. Le seul secours est l'oreille et... la pratique. Ainsi, par exemple :

*unter**schreiben*** : *Ich unterschreibe diesen Brief.* : Je signe cette lettre.
***unter**gehen* : *Das Schiff geht langsam unter.* : Le bateau, peu à peu, coule.

Si nous ajoutons qu'il y a cumul possible, qu'un verbe peut donc être précédé d'un préfixe double, nous avons une petite idée de l'aventure dans laquelle nous emmènent ces "particules", ces petits riens apparemment innocents !

stehen : être debout – *ver/stehen* : comprendre – *miß/ver/stehen* : mal comprendre
kaufen : acheter – *ver/kaufen* : vendre – *aus/ver/kaufen* : brader, solder

Comme pour les substantifs et les adjectifs, la possibilité de créer des mots est donnée, et l'Allemand ne s'en prive pas. Peut-être pouvons-nous nous arrêter à l'une ou l'autre de ces particules pour en donner une idée :

ent-
Le sens de ce préfixe est relativement stable. Quand il n'exprime pas une amorce, il signifie une séparation, il est privatif. Ainsi

lassen : laisser – *entlassen* : licencier ;
führen : conduire – *entführen* : enlever, kidnapper ;
binden : lier – *entbinden* : délier, décharger – d'une obligation par exemple –, mais aussi : accoucher, c'est-à-dire "délivrer".

Il est intéressant, cependant, de regarder de plus près certains mots, comme p. ex. :
enttäuschen : décevoir, mais littéralement : désillusionner, détromper. L'Allemand "déçu" serait donc plus riche d'une vérité, puisque ce qu'il a perdu n'était que leurre et tromperie ?
HEIDEGGER, qui a sa manière à lui de jouer avec les mots, de les prendre à la lettre, nous propose pour
die Entfernung : la distance, le sens contraire, c'est-à-dire : proximité. Comment arrive-t-il à cela ? Il part du mot de base *fern* : lointain, considère *ent-* comme privatif, et arrive à ce que la distance devienne en fait non-

lointain, proximité. Et en effet : ne faut-il pas un minimum de distance pour que le trop proche – que nous obturons par notre présence-même – devienne proximité, c'est-à-dire voisinage ?

er-

Ce préfixe complète un verbe en lui donnant un sens d'acquisition, de résultat, de but atteint. La possibilité de créations de mots est, là encore, illimitée. Car à côté de formations très courantes telles que :

> *schlagen* : battre – *erschlagen* : tuer
> *trinken* : boire – *ertrinken* : se noyer
> *fahren* : voyager – *erfahren* : apprendre (une nouvelle), faire une expérience (de vie)
> *reichen* : tendre (un objet) – *erreichen* : atteindre,

nous pouvons, par analogie, dire :

> *Er hat sich das Geschenk erschmeichelt / ertrotzt / erlogen / erkämpft...*
> Il a obtenu ce cadeau par la flatterie / l'entêtement / le mensonge / de haute lutte...

zer-

Préfixe qui apporte au verbe de base le sens d'une séparation ou d'une destruction :

> *stören* : déranger, troubler – *zerstören* : détruire
> *legen* : poser – *zerlegen* : *démonter* (un appareil, par exemple)
> *fließen* : couler – *zerfließen* : se dissoudre.

A partir de là, nous pouvons inventer des mots, et dire par exemple :

> *Gemüse zerkochen* : faire trop cuire des légumes, les réduire en bouillie informe
> *ein Thema zerreden* : épuiser, dissoudre, vider, tuer un sujet à force de discussions
> *ein Buch zerlesen* : user – réduire en miettes – un livre, à force de le relire

aus-

Cette particule séparable, donc accentuée, est une préposition qui dit aussi bien la sortie que l'achèvement. Ainsi :

> *gehen* : aller – *aus/gehen* : sortir
> *graben* : creuser – *aus/graben* : déterrer
> *nehmen* : prendre – *die Aus/nahme* : l'exception

> *trinken* : boire – *ein Glas aus/trinken* : vider un verre
> *bilden* : former – *aus/bilden* : donner une formation professionnelle, complète.

Par analogie, on peut donc dire : *eine Person ausladen* : dés-inviter une personne, mais on peut aussi *diese Person hinausloben* : faire sortir cette personne – s'en débarrasser – à coup de compliments, comme on peut la questionner jusqu'au dernier secret : *ausfragen*, l'exploiter : *ausbeuten*, ou encore se moquer d'elle sans réserve : *auslachen*...

nach-
Cette préposition pouvant aussi faire office de particule séparable, exprime à la fois la notion spatiale d'"aller vers", la notion temporelle d'un "après" ou d'un retour en arrière, et puis, à partir de là, la notion de contrôle ou d'imitation :

> *schauen* : regarder – *jemandem nach/schauen* : suivre quelqu'un du regard
> *schauen* : regarder – *nach/schauen* : jeter un coup d'oeil pour vérifier
> *bilden* : former – *nach/bilden* : imiter, faire une copie
> *denken* : penser – *nach/denken* : réfléchir

Il est des mots où ces différents sens sont présents simultanément, du moins peut-on s'amuser à les entendre de différentes manières. Ils sont alors comparables à ces dessins bien connus qui montrent à la fois un vase et le profil de deux visages, ou bien le visage d'une vieille femme qui, tout à coup, bascule, faisant apparaître qu'il est "aussi" celui d'une toute jeune fille.

nachträglich est un tel mot. Il exprime d'une part une idée d'après-coup – *die nachträgliche Wirkung* : l'effet d'après-coup, différé –, d'autre part une idée de rancoeur – *ein nachtragender Mensch* : un être rancunier. Le rapport secret entre les deux sens est peut-être plus net quand nous regardons le verbe :

> *nachtragen* : *jemandem seine Tasche nachtragen* : porter sa sacoche à ("après") quelqu'un qui l'a oubliée, par exemple, et : *er hat mir das lange nachgetragen* : il m'en a voulu longtemps – ce qui signifie non seulement qu'il n'a pas oublié, mais aussi qu'il n'a pas arrêté de me le "porter après", de me poursuivre avec, de me le reprocher ... Ainsi, le ressentiment semble bien être une sorte de refus de ce que quelque chose ait eu lieu. Et ce n'est peut-être pas à l'autre que le rancunier "en veut", mais au temps qui ne lui donne plus aucune prise sur ce qui "a été".

PRÉFIXES

Il est des préfixes propres aux substantifs. Nous allons en regarder deux.

Ur-

Au départ, ce préfixe, toujours accentué, renforce un adjectif, comme pour *uralt* : très vieux – attesté dès le XIIe siècle –, ou *urdeutsch* : typiquement allemand, *urplötzlich* : de façon tout à fait subite et imprévue, ou encore *urkomisch* : trop drôle, etc. – un peu comme "archi-" en français. Ce qui fait que tout peut être *ur-* quelque chose, à tel point qu'il existe même l'adjectif *urig* (fam.) – *Er ist ein uriger Mensch !* : c'est un original ou, comme diraient les jeunes : il est trop !

Ur-, préfixe de substantif, évoque une origine :

> der *Urheber* : l'auteur, l'instigateur
> der *Urtext* : l'original
> der *Urfaust* : la première version du "Faust" de GOETHE
> die *Uraufführung* : la première, la création d'une pièce de théâtre
> der *Urmensch* : l'homme préhistorique
> der *Ureinwohner* : l'indigène, etc.

Certains mots cependant, comme der *Urwald* : la forêt vierge, ou die *Ursache* : la cause, sont tellement courants et "rodés" que cette notion d'origine première s'est un peu estompée, ce qui amène par exemple MUSIL à parler de *"die Ursache und die Ur-sache"* pour faire réentendre le *Ur-* et distinguer deux choses : le déclencheur et la cause première. Quant à Umberto ECCO, il emprunte carrément le préfixe allemand et parle de *"un Ur-codice, una Struttura delle Strutture"* !

Une curiosité, à ce propos : der *Urgroßvater* est bien l'arrière-grand-père ; pourquoi, comme en français d'ailleurs, on parle de *Urenkel*, d'arrière-petit-enfant ? Il y a là une croisée de perspectives un peu troublante....

N.B. : il existe un autre *Ur-* qui, lui, vient du préfixe verbal *er-* :

der *Urlaub* : le congé, vient de *erlauben* : permettre et n'est donc autre que la "perm'"

die *Urkunde* : le document, vient de *erkunden* : faire des recherches

das *Urteil* : le verdict, le jugement vient de *erteilen* : donner, octroyer – *eine Antwort erteilen* : donner une réponse.

Ge-

La fonction la plus fréquente de ce préfixe – inaccentué – est de former un collectif. Ce qui explique qu'il n'y a pas, à l'origine, de pluriel, comme pour :

> *das Gebirge* : la montagne, ensemble de monts
> *das Geflügel* : la volaille
> *das Gemüse* : les légumes
> *das Geschrei* : les cris, etc.

Certains de ces collectifs, cependant, peuvent se mettre au pluriel :

> *das Gemälde – die Gemälde* : la peinture, la toile – les toiles
> *die Gemeinde – die Gemeinden* : la commune – les communes
> *das Geräusch – die Geräusche* : le bruissement – les bruits
> *der Geruch – die Gerüche* : l'odorat, l'odeur – les odeurs
> *das Gemüt – die Gemüter* : l'âme, le sentiment – les esprits

Un seul de ces collectifs, à ma connaissance, n'a qu'un pluriel :
die Geschwister : les frères et soeurs, la fratrie en quelque sorte. Comme ce mot est plus proche de *die Schwester* : la soeur, que de *der Bruder*, le frère, il peut arriver qu'un Français, à la question : *"Haben Sie Geschwister ?"* réponde, et c'est tout à fait compréhensible : *"Nein, ich habe nur einen Bruder !"*...

 UFFIXES

L'allemand a, comme le français, ses suffixes. Soit pour former un substantif à partir d'un verbe ou d'un adjectif, soit pour donner à un adjectif valeur d'adverbe. Ou encore pour exprimer un diminutif, une insistance, une manière. Comme pour les préfixes, le cumul est possible mais limité généralement à deux, et les possibilités de combinatoires inédites sont nettement plus restreintes que pour les préfixes ou les particules. Nous n'en parlerons ici qu'à titre indicatif.

Quelques suffixes d'adjectif / d'adverbe :
-bar
-bar vient d'un verbe disparu – *bher – voulant dire : porter – cf. gr. *phero*, lat. *fero*, angl. to bear-bore-borne/born –, mais qui survit dans le verbe *gebären* : mettre au monde, et certains substantifs dont nous parlerons à propos de *die Geburt* : la naissance. Le suffixe signifie donc à l'origine : capable de porter, portant. Ce sens est encore restituable quand il s'agit d'adjectifs formés à partir de substantifs comme par exemple :

> *fruchtbar* : portant ou pouvant porter des fruits : fertile
> *dankbar* : ayant de la gratitude : reconnaissant
> *furchtbar* : contenant de la peur : effrayant
> *wunderbar* : porteur de miracle : merveilleux.

"Malheureusement", c'est le même suffixe qui a servi à "traduire" le suffixe latin *-bilis*, ainsi que, par la suite, le frç. *-able*, *-ible*, ainsi que l'angl. *-able*, si bien qu'aujourd'hui, nous assistons à une véritable invasion de ces *-bar* signalant, à partir d'un verbe, une qualité, une capacité. La liste va de

> *manipulierbar, programmierbar, analysierbar* : manipulable, programmable, analysable..., à
> *eßbar, machbar, verwertbar* : mangeable, faisable, utilisable, etc.

Notons au passage qu'un mot comme
die Wieder/ver/wert/bar/keit : la "recyclabilité" compte tout de même, autour de son noyau *der Wert* : la valeur, quatre éléments-outils, sans compter qu'à partir de là, on peut encore former, par adjonction d'autres mots, un composé... Mais sachons que dans de tels mots "interminables", il n'y a pas la moindre monotonie : il y a tout un jeu de nuances d'intonations qui fait que le mot, à l'entendre, a toujours un relief, une mélodie, un rythme.

-los
est un suffixe privatif qui n'a pas d'équivalent en français (angl. *-less*) :

> *arbeitslos* : sans travail, au chômage
> *widerstandslos* : sans opposer de résistance
> *heimatlos* : sans chez-soi, exilé
> *erfolglos* ≠ *erfolgreich* : sans succès, inabouti ≠ couronné de succès
> *hilflos* : démuni, en détresse, perdu, sans recours...

Dans certains mots, cependant, comme *hilflos* que nous venons de citer, -*los* a certes un sens privatif, mais cette "absence d'aide" peut déclencher des sentiments très divers. Les traducteurs l'ont bien senti et certains, voulant sans doute préserver l'indécision du mot, ont pu proposer pour

die Hilflosigkeit : "le désaide". Il n'est pas certain, toutefois, que ce néologisme puisse évoquer tout ce que peut être *die Hilflosigkeit* pour un Allemand : un sentiment d'abandon, de détresse et de solitude, mais aussi une impuissance à venir en aide à quiconque, y compris et peut-être surtout à soi-même, d'où implicitement aussi un appel à l'aide...

N.B.: Ce suffixe privatif peut d'ailleurs aussi faire office de particule verbale pour exprimer l'idée d' une séparation. Ainsi

losschrauben : dévisser
losbinden : détacher, ...

comme il peut aussi exprimer une idée de départ, par exemple dans
losrennen : partir en courant, déguerpir, ou dans l'expression
einfach drauf losreden : se mettre à parler, sans trop savoir où l'on va.

Sans compter que *"los"* se rencontre encore dans toute une série d'expressions idiomatiques :

Was ist los ? : Qu'est-ce qui se passe ? – littéralement : qu'est-ce qui "échoit" ?
Diese Sorge bin ich endlich los ! : Me voilà enfin débarrassé de ce souci !

jemanden loswerden : se débarrasser de quelqu'un, expression à propos de laquelle on peut citer le *"Zauberlehrling"* de GOETHE :

"Die ich rief, die Geister, werd' ich nun nicht los !"
"Les esprits que j'ai appelés, je ne peux plus m'en débarrasser !"

-sam

Encore un suffixe – cf. angl. *-some* – qui n'a pas vraiment d'équivalent en français. A l'origine, il s'agissait d'ailleurs d'un mot à part entière, voulant dire "de même nature" – cf. angl. *the same* . Le mot de base peut être un verbe, un adjectif ou un substantif :

erholsam : reposant ; *schweigsam* : taciturne ; *arbeitsam* : travailleur
einsam : solitaire ; *heilsam* : salutaire ; *gemeinsam* : ensemble, en commun
furchtsam : craintif ; *gewaltsam* : violent ; *grausam* : cruel, etc.

Suffixes servant à former des substantifs
Pour avoir une liste complète, on consultera une grammaire. On y trouvera des règles, mais aussi de nombreuses exceptions à ces règles. Là encore, il n'y a que l'oreille et la pratique qui peuvent aider. Et quelques règles sûres, dont celles-ci :
Les noms terminés par les suffixes *-heit*, *-keit*, *-schaft*, *-ung*, *-ei*, *-ion* sont toujours du genre féminin. Est-ce que ces suffixes ont un "sens" ? Il n'y a pas de constantes, mais on peut dire par exemple que *-schaft*, donne le plus souvent un sens collectif, exprime un ensemble :

> *die Wissenschaft* : la science
> *die Freundschaft* : l'amitié
> *die Gemeinschaft* : la communauté...

Les substantifs en *-ung* dérivés d'un verbe expriment généralement une action en train de se faire :

> *die Bewegung* : le mouvement
> *die Handlung* : l'action, le fait d'agir
> *die Erinnerung* : le (fait de se) souvenir...

Pour ce qui est des noms terminés par *-ich* / *-ig* / *-ling*, ils sont toujours du genre masculin, mais on ne saurait donner un "sens" à ces suffixes.
En revanche, *-lein* / *-chen* sont des suffixes diminutifs. Le mot est alors toujours du genre neutre et la voyelle du radical prend l'inflexion :

> *die Frau – das Fräulein* : la femme – la demoiselle
> *die Stadt – das Städtchen* : la ville – la petite ville

Contrairement au français (liber**té**, atten**tion**, mouve**ment**), les suffixes allemands ne sont jamais accentués. Tout mot allemand accentué à la dernière syllabe – qu'il s'agisse d'un suffixe ou non –, dit par là-même qu'il est d'origine étrangère (souvent française, d'ailleurs) :

> *die Partei / das Militär / die Universität / das Mikrophon / die Nation / die Eleganz / die Tendenz / der Ingenieur / die Geographie / die Analyse / die Musik / die Kultur / die Tendenz / die Garage / der Gymnasiast / die Maschine / das Büro*, etc.

Mais là, nous entrons déjà dans un autre domaine : celui des mots d'emprunt, des calques, des assimilations, autrement dit le domaine des mots voyageurs.

OTS SANS FRONTIÈRES

Périodiquement, dans notre bonne vieille Europe, des cris d'alarme – ou de détresse – s'élèvent contre ces envahisseurs redoutables mais apparemment victorieux : les anglicismes. Le "danger" menace toutes les langues européennes, y compris l'allemand, bien que l' *"Eindeutschung"*, la mise en allemand soit, semble-t-il, plus fréquente que ne l'est la "francisation" dans notre hexagone. Ainsi, quand les Allemands disent *Image, Computer, Babysitting, Kidnapping, Playboy, Callgirl, Styling, Out-fit, Top, Job, Manager, Inter-City, Jet-Set, T-shirt, Jeans, Twin-set, Body-building, Single, Trend, Feed-back, Play-back, live, high, clean, down, Fitness, Stress, bye-bye* etc. etc. (mots qu'ils prononcent toujours à l'anglaise), ils ont tout de même, à cause d'une plus grande parenté de lexique et de structure, la possibilité de traduire, et de préférer *Wochenende* à week-end, *Hintergrund* à background (encore que la connotation ne soit pas la même), *Gehirnwäsche* à brainwashing, *Schrittmacher* à peace maker. Ce qui ne veut pas dire qu'ils ne soient aussi capables de fabriquer des amalgames assez barbares, tels que *Fitmacher, Powerfrau, Popmusik, Haarspray*. D'où les cris d'alarme...

Or, le problème est aussi vieux que le monde. Que seraient nos langues sans l'apport du grec, du latin, sans cette interaction constante entre leurs "descendantes", due aux guerres, à des courants de pensée, à des modes...? La liste des exemples serait si longue qu'elle en deviendrait ennuyeuse. Arrêtons-nous seulement à quelques mots, pris au hasard, où le passage à l'autre langue s'est fait par une sorte de calque phonétique, ou par une traduction erronée, ou encore par quelqu'autre aventure...

das Abenteuer : l'aventure. C'est un exemple typique d'une évolution historique suivie d'un calque phonétique : lat. *adventura* / ital. *avventura* / frç. *aventure* / alld. *Abenteuer*. Le mot, en allemand "ne veut rien dire". Et d'ailleurs, si les enfants allemands insistent tant pour orthographier ce mot *Abendteuer*, ce n'est pas tant parce que cela éclaircirait vraiment le sens du mot, mais au moins les éléments *Abend* : le soir, et *teuer* : cher, font-ils partie d'une langue "connue"...

Marzipan : la pâte d'amande, le massepain. Il s'agit ici, à en croire les étymologistes, d'un long voyage : lors des croisades, les Arabes appelaient *mautaban* l'image du Christ sur des pièces de monnaie byzantines. Puis le mot désigna une mesure, puis une boîte, et pour finir la pâte faite de sucre, d'amandes et d'eau de rose que contenaient ces boîtes. Au XVIe siècle, cherchant sans doute une provenance moins lointaine, on voulut que le mot vienne de *Marci panis*, *Markusbrot*, pain de saint Marc. On appelle ce genre d'étymologie "étymologie populaire" qui, pour être souvent inexacte, n'en est pas moins savoureuse. Il est vrai que dans le cas présent, ni *Marzipan*, ni "massepain" n'évoquent vraiment l'amande, la douceur, ou l'eau de rose...

Hugenotte : le huguenot. Ce mot a fait un voyage aller-retour. En effet, il vient des *"Eidgenossen"*, des "confédérés", un nom que se donnaient les Genevois partisans de la Confédération contre le Duc de Savoie. En France, les catholiques surnommeront – et ce ne sera pas un compliment – "eyuenets", puis "huguenots" les protestants calvinistes. Ceux-là même dont bon nombre vont trouver refuge dans le Nord de l'Allemagne, protestante, et que l'on va appeler : *Hugenotten* !

C'est surtout à **Berlin** que la fréquence de ce genre de "calque" nous frappe, d'ailleurs. Le français "importé" par les Huguenots, le français langue de la Cour et de l'aristocratie, mais aussi langue des émigrés de la Révolution est partout présent. Que ce soient des termes de cuisine : *Boulette, Haschee, Kotelett, Filet, Omelètt*,... de mode : *Bluse, Kostüm, Manschette, Volant, Toilette, Taille, Frisör (!) elegant* ... de la vie de tous les jours : *Cousine, Kommode, Parterre, Salon, Balkon, Vase, Skandal, Milieu, Galerie*, ... ou de l'armée : *Militär, Soldat, Bravour, Revanche, Sabotage*..., les mots français ont été si bien accueillis que pour la plupart d'entre eux, il n'existe pas d'équivalent allemand.

Mais **Vienne**, dans ce domaine, n'a rien à envier à Berlin, et s'il y a peut-être un certain snobisme à dire – en prenant soin de parler du nez ! – *gênant, galant, amüsant, sich genieren, Pedanterie, Tête-à-Tête, Vis-à-vis* etc., il est des mots qui ont été si bien assimilés par la langue courante que leur origine n'est plus guère décelable. C'est le cas, par exemple, pour cette délicieuse mousse au vin prononcée *Weinschato* – de *chaude-eau*, sans doute le bain-marie –, ou la cuvette appelée *Lawur* et qui n'est autre qu'une parente à dimension très modeste du *lavoir* français.

Et comment oser dire à un Viennois que le *Fiaker*, cette véritable institution viennoise – il s'agit d'une voiture à cheval que l'on loue, aujourd'hui encore, à la course ou à l'heure et qui ailleurs, si tant est qu'elle existe encore, s'appelle *Kutsche* ou *Droschke* – que ce *Fiaker*, donc, vient du français et doit son nom à la station située devant l'hôtel "Saint Fiacre", rue St. Antoine, à Paris ?

On voit donc que "depuis le temps", nombre de mots étrangers font partie de l'allemand standard, et personne ne s'offusque plus de leur statut d'immigrés, au contraire ! Parfois même, le souci d'intégrer ces "étrangers" a été si sincère qu'il en a résulté des "assimilations" surprenantes :

mutterseelenallein, composé de – je traduis à rebours, comme il se doit – : seul / âme / mère / et voulant dire : être très très seul. Or, il s'agit d'une "adaptation", d'abord, du français : "moi tout seul" – *mutterseelen* –, auquel on a rajouté *allein* : seul, pour sauver le sens – à moins que ce ne soit pour exprimer, justement, le comble de la solitude...

totschick veut dire : extrêmement chic, chic à se pâmer. Il y a presque du "sens", puisque *tot sein* veut dire : être mort. Mais en fait, c'est un calque phonétique du français "tout (à fait) chic", tout simplement.

der Muckefuck est le nom donné à une sorte de succédané de café, ou encore à du très mauvais café, et ce nom vient de "mocca faux". Quant à l'expression

das Brot / der Wein ist **alle**, pour dire qu'il n'y a plus de pain ou de vin, elle vient également du français. L'anecdote veut que deux soeurs huguenotes, brodeuses et dentellières de leur état, disaient : "c'est allé" quand une marchandise n'était plus disponible.

Le sujet, on le voit, mériterait à lui seul tout un livre ! Donnons juste encore quelques exemples de calque dans l'autre sens, c'est-à-dire de l'allemand vers le français :

le boulevard vient de l'allemand *das Bollwerk*, le bastion, le rempart. *Der Böller* était à l'origine un engin à lancer du petit mortier, et aujourd'hui, *Böllerschießen* signifie soit la salve d'artillerie, soit le feu d'artifice, soit, plus modestement, une pétarade.

Curieusement, le mot "francisé" revient dans la langue allemande : *die Boulevardpresse* est la presse à sensation, à scandale, celle qui est vendue dans la rue.

le beffroi vient de l'allemand *Bergfried* – de *die Burg* : la fortification, et *einfrieden* : entourer. Il s'agit, à l'origine, d'une sorte d'échafaudage en bois que l'on appuyait contre les murs d'un château-fort afin d'en faire l'assaut ; plus tard, le mot prendra le sens plus général de tour fortifiée et/ou de garde.

l'auberge vient de *Herberge*, composé de *das Heer* : l'armée, et du verbe *bergen* : mettre à l'abri. C'est donc bien, à l'origine, un lieu offrant un abri à l'armée. Puis, le mot prend le sens plus large de : abri, refuge, camp, pour finalement désigner une maison où des hôtes peuvent passer la nuit[1].

la choucroute vient de *Sauerkraut*, composé de *das Kraut* : le chou blanc, et *sauer* : aigre, saur. Il est possible que la "traduction" française ait passé par l'alsacien, où cette spécialité se dit *Sürkrüt*. Toujours est-il que l'on a bien traduit *Kraut* par "chou", mais on a ajouté le calque de ce même mot : "croûte" (? !), adaptant l'orthographe à l'idiome d'accueil. Il en résulte que choucroute veut en fait dire chou-chou, du chou à la puissance deux en quelque sorte...

Terminons par une anecdote à propos de l'expression :

"Mort aux vaches !". Dans son roman "Crainquebille", Anatole France donne, dans une petite note en bas de page, l'origine de cette insulte à un gardien de la paix : pendant la guerre de 70, dit-il, il y avait sur certains postes de police ainsi que sur les guérites devant les casernes l'inscription allemande *"Wache"!* En effet, *die Wache* signifie : la garde, et *die Polizeiwache* est le nom qui désigne le poste de police ou de gendarmerie. Les Français n'ont eu aucun mal à "traduire", et voilà pourquoi, sans même qu'il y ait besoin d'être gendarme ou policier, on peut aujourd'hui se faire traiter de "vache"...

NB. Sans vouloir accuser les Français d'avoir des obsessions bovines : les "vaches" de l'expression "tu parles comme une vache espagnole" sont en fait des "basques" espagnols !

 AUX AMIS

Il existe dans la langue allemande des mots dont la consonance est proche d'un mot français, mais qui ont une signification différente. Il s'agit donc de ne pas toujours se fier aux apparences ! Ainsi

>   *die Ampel* n'est pas l'ampoule *(die elektrische Birne)*, mais le feu rouge
>   *die Burg* n'est pas le bourg *(der Marktflecken)*, mais le château fort
>   *der Dirigent* n'est pas le dirigeant *(der Leiter)*, mais le chef d'orchestre
>   *die Dissertation* n'est pas la dissertation *(der Aufsatz)*, mais la thèse de doctorat

---

[1] Pour ceux qui se demanderaient où est passé le deuxième *"e"* de *Heer* : le *"e"* devant double consonne est resté bref, comme par exemple aussi pour *Herzog* : le duc – litt. qui mène / entraîne l'armée ; ou pour le prénom *Hermann* : litt. l'homme d'armée.

die Figur n'est pas la figure (visage : *das Gesicht*), mais la silhouette
das Gymnasium n'est pas le gymnase *(die Turnhalle)*, mais le lycée
der Kavalier n'est pas le cavalier *(der Reiter)*, mais l'homme galant, courtois
das Klavier n'est pas le clavier *(die Tastatur)* mais le piano
der Koffer n'est pas le coffre (voiture : *der Kofferraum)*, mais la valise
der Kompaß n'est pas le compas *(der Zirkel)*, mais la boussole
der Konkurs n'est pas le concours *(der Wettbewerb)*, mais la faillite
das Kuvert n'est pas le couvert *(das Gedeck)*, mais l'enveloppe
die Phantasie n'est pas la fantaisie *(die Laune, der Einfall)*, mais l'imagination
die Pille n'est pas la pile *(die Batterie)*, mais la pilule
sortieren ne veut pas dire sortir *(aus/gehen)*, mais trier
die Tablette n'est pas la tablette *(das Brett)*, mais le cachet (d'aspirine p. ex.)
der Tank n'est pas un tank *(der Panzerwagen)*, mais le réservoir d'essence
der Tresor n'est pas le trésor *(der Schatz)*, mais le coffre-fort

D'autres mots ont bien le même sens qu'en français, mais également un autre, pour lequel le français a un terme différent :

der Akt : l'acte (théâtre), mais aussi le nu (peinture) (l'acte/action : *die Tat*)
die Bilanz : le bilan, mais aussi la balance commerciale
die Daten : les dates, mais aussi les données informatiques ou techniques
die Figur : la figure (géométrie), mais aussi la silhouette
die Garderobe : la garderobe, mais aussi le vestiaire (théâtre)
komisch : comique, mais aussi bizarre, étrange
die Messe : la messe, mais aussi la foire *(die Leipziger Messe)*
der Paß : le passeport, mais aussi le col (montagne)
die Post : la poste, mais aussi le courrier
die Praxis : la pratique, mais aussi le cabinet médical
das Rezept : la recette (cuisine), mais aussi l'ordonnance médicale
der Zylinder : le cylindre (géométrie), mais aussi le haut-de-forme
das Magazin : le magazine (journal), mais aussi l'entrepôt

MLAUT

der Umlaut : l'inflexion, littéralement : modification de son, de sonorité, de voyelle.

Il s'agit de ces traits légèrement obliques – ce ne sont pas des tréma ! – que peuvent porter, en allemand, certaines voyelles. Le terme apparaît dès le

XVIIe siècle et fut imposé, comme terme technique en quelque sorte, par Jakob GRIMM – celui des contes –, au début du XIXe.

u [ou] – **ü** [u] : *gut* – *gütig*
o [o] – **ö** [eu] : *groß* – *größer*
a [a] – **ä** [ê] : *Grab* – *Gräber* pron. *Ehre* [êre] = *Ähre* [êre]
au [aou] – **äu** [oï] : *Traum* – *Träume* pron. *Leute* [loïte] = *läute* [loïte]

   Pour comprendre le pourquoi de ces inflexions, il faut partir de la position des voyelles dans la cavité buccale, partant du **u** [ou] grave, situé le plus en arrière, passant par **o**, **a**, **e** pour arriver au **i** clair, situé le plus en avant. Et si l'on observe bien **l'effet phonétique** de l'inflexion, on constate qu'il s'agit, à chaque fois, d'une "avancée" de la voyelle dans la cavité buccale. En effet : cette inflexion se produit toujours sous l'influence d'un **e** ou d'un **i** qui suit (dans la syllabe suivante et à condition que l'influence ne soit pas empêchée par un certain type de double consonne) un **a**, un **o** ou un **u**, et le "tire" en quelque sorte vers l'avant pour l'en rapprocher. C'est donc un phénomène d'usure, ou d'inertie, ou simplement de pratique, comme on veut. Le fait est que l'écart entre deux voyelles qui se suivent se trouve ainsi réduit, qu'on "glisse" en quelque sorte du grave vers l'aigu.

   Dans cette logique, est également une inflexion, bien que le signe graphique ne paraisse pas :

e [ê] – **i** [i] : *recht* – *richtig*

   Pour toute une série de mots, ce procédé est encore attestable de nos jours – *Hut* – *Hüte* ; *Luft* – *Lüfte* ; *Mann* – *Männer* ; *Frau* – *Fräulein* ; *Hof* – *höflich* etc., – mais il est des cas où le **e** ou le **i**, cause de cette inflexion, a disparu, comme c'est le cas pour *ich halte* – *er hält* ; *ich gebe* – *er gibt*, ou encore pour *schön, früh, grün*...

   Graphiquement, cette inflexion se signale à l'origine par un *e* apposé à la voyelle à infléchir. *Goethe* a maintenu cette juxtaposition, de même que *Maeterlinck*, et elle est restée très longtemps en usage pour les majuscules à inflexion. *Übung* s'écrivait – et peut encore s'écrire : *Uebung*. Peu à peu, le *e* apposé a été posé *sur* la voyelle, en plus petit, bien sûr (on peut encore observer cela dans des livres pas si anciens que cela). Et comme il s'agissait d'un *e* gothique, *ℯ*, il a fini par se simplifier pour n'être plus que ce double trait oblique, ["] que l'on appelle inflexion, *Umlaut*.

L'inflexion se distingue donc du tréma tant par la fonction que par la forme, bien que sur un clavier international cette deuxième distinction ne soit pas toujours visible.

Voilà pour notre coup d'oeil dans la boîte à outils de la langue allemande. Ce sera enfin aux mots eux-mêmes de prendre la parole. Et pour commencer, en même temps que pour clore cette partie, en voici deux, à la fois outils et mots à histoire...

UCHSTABE

der Buchstabe : **la lettre, le caractère**

C'est un mot très ancien, antérieur à *das Buch* : le livre, et formé à partir de *die Buche* : le hêtre, et *der Stab* : le bâton. En effet, le mot remonte, dit-on, à l'époque où des sortes de pythies germaniques, quelque part dans le grand Nord, lançaient en l'air des bâtonnets de hêtre pour, ensuite, "lire" (*lesen* : ramasser, glaner) l'avenir en choisissant et en assemblant ces bâtonnets selon un ordre suggéré par leur configuration sur le sol[1].

das Buch : le livre, n'est cependant pas, comme on pourrait le croire, "ce qui contient des lettres", mais désignait la planchette de bois de hêtre sur laquelle on gravait les textes. Une pratique très ancienne et fort risquée comme on sait, puisque la planchette pouvait se briser soit sous les mains du graveur, soit lors d'une impression. Mais il fallut attendre qu'un certain GUTENBERG, orfèvre de son état, ait l'idée des caractères d'imprimerie en métal (1439, Strasbourg). Une idée si dangereusement géniale, d'ailleurs – n'allait-elle pas permettre la diffusion de l'écrit, donc du savoir, donc du pouvoir ? –, qu'elle valut quelques procès à son inventeur...

La plupart des dérivés et composés ont bien à voir avec le livre :

> *die Bücherei* : la bibliothèque
> *der Bücherwurm* : le rat de bibliothèque, litt. : le ver des (qui dévore les) livres
> *der Buchhalter* : le comptable, littéralement, celui qui tient les livres (à jour).

---

[1] Cette "lecture" au moyen de bâtonnets lancés en l'air est toujours pratiquée dans les temples chinois, par exemple.

Il faut cependant se méfier de certains (rares) mots composés où *Buch-* signifie toujours *die Buche*, le hêtre. C'est le cas pour

die Buchecker : la faîne, ou
der Buchweizen : le blé noir, le sarrasin, à cause de la forme des graines qui, précisément, font penser à des faînes.

 ESEN

lesen : **lire**, mais aussi et d'abord : glaner, choisir, rassembler.

Dans des mots composés ou dans certaines expressions, on trouve encore toute la palette des sens du verbe *lesen* :

die Weinlese : la vendange
Ähren lesen : glaner (les épis)
erlesen (adj.) : choisi, précieux, rare
die Auslese : la sélection.

A prendre à la lettre le sens premier de ce verbe, *lesen* n'est donc pas un déchiffrage dans le sens d'un simple décodage de ce qui préexisterait à la lecture, mais une activité tout à fait créatrice – et subjective, bien sûr. Lire est toujours choisir, est toujours, déjà, interpréter.

Dans un de ses livres, Marguerite DURAS parle de la lecture d'un enfant, exactement comme le suggère le sens originel du verbe *lesen* :

"Ernesto était censé ne pas savoir lire encore à ce moment-là de sa vie et pourtant il disait qu'il avait lu quelque chose du livre brûlé. (...) Au début il disait qu'il avait essayé de la façon suivante : il avait donné à tel dessin de mot, tout à fait arbitrairement, un premier sens. Puis au deuxième mot qui avait suivi, il avait donné un autre sens, mais en raison du premier sens supposé au premier mot, et cela jusqu'à ce que la phrase tout entière veuille dire quelque chose de sensé. Ainsi avait-il compris que la lecture c'était une espèce de déroulement continu dans son propre corps d'une histoire par soi inventée." (La Pluie d'été)

Land und Leute
Le pays et les gens

"Ein' feste Burg ist unser Gott,
Ein' gute Wehr und Waffen.
Er hilft uns frei aus aller Not,
Die uns jetzt hat betroffen...."
LUTHER, 46. Psalm

DEUTSCH

***deutsch* : allemand**

L'adjectif vieux-haut-allemand **diut-isk* signifiait : populaire, du peuple (cf. l'angl. *dutch*). Le mot, à l'origine, ne désignait ni un peuple précis, ni un territoire, ni même une langue précise, mais toute langue que, par opposition au latin, parlaient les gens de tel ou tel endroit. Et la question de savoir si la messe devait être lue "latine aut theodisce", en latin ou dans la langue respective du peuple, a été l'objet de discussions bien avant LUTHER.

On entend souvent dire, cependant, que c'est LUTHER qui a "créé" la langue allemande. Non. Le réformateur, voulant que tout le monde puisse avoir accès aux textes de la Bible, a traduit celle-ci, à partir des textes originaux grecs et hébreux, en une langue qui soit compréhensible à la grande majorité des "Allemands", du Nord au Sud. Il s'est servi de la *Kanzleisprache*, la langue administrative existante, en l'enrichissant de mots et d'expressions de la langue parlée :

> *"Man muß die Mutter im Hause, die Kinder auf der Gasse, den gemeinen Mann auf dem Markt drum fragen und denselbigen auf das Maul sehen, wie sie reden, und danach dolmetschen."*
>
> "Il faut interroger la mère au foyer, les enfants dans la rue, l'homme simple au marché, et regarder comment ils parlent, et puis traduire en fonction de cela."

Et comme l'imprimerie permit une rapide diffusion de la Bible, celle-ci devint en effet une première référence à une langue écrite commune.

Ce qui n'a pas empêché les dialectes de continuer à vivre et à rester fortement autonomes. Et si l'allemand écrit a mis un certain temps à s'imposer comme langue officielle, c'est dû en partie à la Contre-réforme qui fit à nouveau du latin la langue des personnes instruites, en partie aux ravages de la guerre de Trente Ans (1618-1648), puis au prestige dont jouissait, à partir de la fin du XVIIe siècle surtout, la langue française. Il a fallu attendre LESSING, homme "éclairé", engagé, et défenseur infatigable de la langue allemande pour que l'allemand gagne ses "titres de noblesse" et puisse ainsi ouvrir la voie à HERDER, SCHILLER, GOETHE, KANT...

der Deutsche : l'Allemand, est également un adjectif, substantivé. Ce fait mérite mention, car c'est le seul cas où, en allemand, l'habitant d'un pays soit désigné par un adjectif. En l'occurrence *deutsch* qui, rappelons-le, désignait à l'origine une langue, un parler. L'Allemand est donc d'abord défini par son appartenance à sa langue, celle, longtemps plurielle, du "peuple".

 OLK

das Volk : le peuple

L'origine de ce mot est peu certaine. Il semblerait qu'il vienne des langues slaves (polonais : *polk* : bande, troupe, meute) et désigne d'abord un ensemble d'hommes armés, un bataillon. Mais le mot s'est annobli en quelque sorte à partir du XVIIIe siècle, c'est-à-dire parallèlement à l'évolution politique et sociale des Allemands. *Das Volk* devient alors source et vecteur des valeurs morales et spirituelles les plus nobles, les plus pures, ce qui explique peut-être que malgré le célèbre "Discours à la Nation Allemande" de FICHTE (*Rede an die Deutsche Nation, 1804*), le concept de *Nation* est resté largement au second plan pendant toute la période de la lutte pour l'unité allemande. La référence de base était devenue celle de l'appartenance à un "peuple".

Et ceci n'est pas sans importance pour la politique de HITLER qui, sachant son impact émotionnel et affectif, a usé et abusé de ce terme pour faire glisser la référence à une langue et à une culture vers celle à une collectivité politique et raciale. On sait les crimes perpétrés "pour" et au nom de ce *Deutsches Volk* et l'on comprend que le concept soit terriblement "chargé". Sa signification, ou plutôt sa résonance dépendent du contexte, de l'attitude du locuteur, du vécu de chacun. Il est évident que le concept *Deutsches Volk* n'a pas encore retrouvé son "innocence" et que la chose la plus neutre que l'on puisse dire est que *Volk* est à *Nation* ce que *Heimat* est à *Vaterland.*

Quelques composés :

> *"Die Völkerschlacht bei Leipzig"* : nom donné à la bataille de Leipzig, du 15 au 19 octobre 1813
> *die Völkerwanderung* : litt. la grande migration, traduction du latin *migratio gentium* et que les Français appellent "les grandes invasions".
> *die Volkskunde* : l'instruction civique (école), le folklore

der Völkerbund : la Société des Nations
das Volkslied : la chanson populaire
die Volkswirtschaft : l'économie nationale
der Volkswirt : l'économiste
die Volksabstimmung : le plébiscite, le référendum

 EIMAT

die Heimat : **le pays natal**
das Heim : le foyer, la maison, le chez-soi
daheim sein / heim gehen : être / rentrer chez soi
heim/kehren : rentrer "au pays", d'où *der Heimkehrer*, terme dont on désignait, surtout après la seconde guerre mondiale, les soldats qui revenaient du front, qui "rentraient".

Ce n'est pas, cette fois, l'étymologie du mot qui est intéressante, mais la charge affective de ce mot : *Heimat*, qui contient tout ce qu'il y a de chaud et de rassurant, qui dit à la fois le lieu où l'on est né, celui où l'on a passé son enfance, celui où l'on se sent "chez soi", *geborgen*, à l'abri. Que les poètes appellent *Heimat* le lieu qui nous accueillera après la mort ne peut donc pas nous surprendre. Mais nous pouvons aussi mieux entendre la démagogie – l'ironie macabre ? – du fameux slogan nationalsocialiste *"Heim ins Reich !"*.

Tout ce qui n'est pas *die Heimat* est *die Fremde* : l'étranger, le lieu inconnu, lointain. Et ces deux mots, comme c'est toujours le cas pour des antonymes, n'existent que l'un par rapport à l'autre : le familier ne nous révèle son essence que pensé de loin, perdu de vue, ou perdu tout court. C'est pourquoi nous pouvons peut-être dire que c'est le mot
das Heimweh : le mal du pays, qui rend le mieux compte de ce qui manque quand on est loin de ce *Daheim*. Car il ne s'agit pas seulement de la nostalgie d'un lieu, mais aussi de celle de personnes chères, d'odeurs, de souvenirs, si bien que le *Heimweh* est toujours aussi la nostalgie de l'enfance, quand il n'est pas, dans une acception religieuse du mot, désir de mort, dans le sens d'un retour au Père. Car en effet
das Elend : la misère, la détresse, le dénuement, s'oppose longtemps directement à *Heimat* : on disait d'un défunt que le Seigneur l'avait *"von diesem Elend abberufen und heimgeholt"* : que Dieu l'avait rappelé à lui.

Elend, dans ce cas, signifiait la terre, la vie ici-bas, cet "exil". Et en effet : *Elend* vient de *eli-lenti*, qui signifiait "l'autre pays" ; le vrai pays, *Daheim*, étant le Ciel. Puis, au Moyen-Age, *ellende* prit le sens de : étranger, exilé, misérable. Vivre loin de *daheim* était misère, *Elend*. C'est LUTHER, nous dit-on, qui préféra traduire *peregrinos* par *Fremdlinge* plutôt que par *Ellenden*, séparant ainsi les termes *Elend* : misère, et *Fremde* : étranger. Mais nous trouvons encore chez SCHILLER, par exemple, *Elend* dans le double sens de "terre d'exil" et de "détresse", opposé à *Heimat*, ce qui dit bien la valeur attaché à ce dernier mot et éclaire sans doute mieux que toute traduction le sens, le poids, la tonalité que peut prendre, pour chacun, le mot *Heimweh*.

Un autre mot de la famille de *Heim* est

heimlich qui veut dire à la fois : ce qui appartient à la maison, est connu, familier, intime – aujourd'hui plutôt *heimelig* – ; et : ce qui est secret, caché. Ainsi :

> *etwas verheimlichen* : cacher, dissimuler quelque chose
> *das Geheimnis* : le secret

Et en effet : tant que nous sommes pris dans l'intimité du tout proche, le familier garde son secret, caché dans les replis mêmes de cette trop étroite proximité. Parfois cependant, ce familier semble subitement frappé d'étrangeté – et c'est alors

das Unheimliche, terme si important chez FREUD, et qui est bien cette "inquiétante étrangeté", quoi qu'en disent des traducteurs plus modernes qui parlent de surdétermination, d'introduction d'une notion supplémentaire, à savoir l'étrangeté, et qui proposent "l'inquiétant", sans plus. Il est vrai que *das Unheimliche* est spontanément perçu comme quelque chose de redoutable, de lugubre, d'inhospitalier, mais la notion d'étrangeté, pour "n'être que latente" comme disent ces mêmes traducteurs, n'en est pas moins présente, au contraire. Est-ce vraiment surtraduire que d'entendre ce qui, à l'intérieur d'un mot, accède à la parole ? La notion de familiarité, ici, au lieu d'apaiser l'impression d'étrangeté, y apporte au contraire un surcroît d'énigme, et c'est cela qui est inquiétant. Écoutons le mot, d'ailleurs : il passe de la voyelle la plus grave à la plus claire, avec un *un-* très accentué, très étiré, suivi du *-heim* qui ouvre brièvement un espace sonore avant de devenir, avec *-lich* ce chuchotement d'un secret révélé en cachette et qu'on n'est pas sûr d'avoir bien entendu. On comprend alors que *das Unheimliche* n'est pas tant une chose ou un phénomène – étang, ombre, bruit – que ce sentiment très complexe devant un in(timement)-connu qui à la fois effraye et attire.

Ne nous effrayons pas trop, cependant ! Les jeunes d'aujourd'hui se servent de l'adverbe pour exprimer un superlatif plutôt enthousiaste : *uuunheimlich schööön ! !* – tout comme les Français le font avec *formidaaable* ! – un mot d'où la crainte que disait le verbe d'origine semble également avoir complètement disparu – du moins de la partie émergée du mot.

ÜRGER

der Bürger : le citoyen

Voilà un mot proprement international. Que ce soit les mots français *le bourg, la bourgeoisie*, anglais *Salesbury, Marlborough, Newburg*, italiens *borgo, borgata, borghesia*, suédois *Göteborg*... ou encore cette bénédiction qui nous vient d'outre-Atlantique, le *hamburger* : le vocable est partout "chez lui". Lequel *hamburger*, d'ailleurs, vient bien de la ville allemande *Hamburg*, du *Hamburger Steak* plus exactement, ce qui n'empêche pas le *cheeseburger* de feindre ignorer que dans le *hamburger* il n'est nullement question de *ham*, jambon ! Mais les mots, parfois, ne sont pas à une tricherie près...

Ceci dit, *der Bürger* est bien à l'origine un mot allemand, dérivé de **burg-wer* qui désignait un endroit situé en hauteur, à des fins défensives – *sich wehren* : se défendre. Le déterminant de ce composé, *die Burg* – les noms de ville en *-burg* sont légion –, signifie : la fortification, le château-fort. Mais *Burg* est lui-même un dérivé de *Berg* : le mont, la colline, à l'origine : le tumulus. On voit que le mot, au cours de l'histoire, s'est adapté aux circonstances, si bien que nous lui trouvons plusieurs sens et devons adapter la traduction française au contexte :

> *der Bundesbürger* : le citoyen de l'Allemagne fédérale
> *die Staatsbürgerschaft* : la citoyenneté, la nationalité
> *das Bürgerliche Gesetzbuch (BG)* : le code civil
> *der Bürgermeister* : le bourgmestre, le maire
> *bürgerlich* : bourgeois, dans le sens de roturier, non noble
> *gutbürgerlich* : de bonne famille, respectable
> *der Spießbürger* : le philistin, le béotien

Remarquons qu'il existe en allemand les termes *Bourgeois, die Bourgeoisie*, par lesquels Karl MARX tenait à distinguer le citoyen du bourgeois, ce dernier appartenant à la classe sociale des possédants, des industriels exploiteurs et nouveaux-riches.

der Schildbürger : le nigaud ; *der Schildbürgerstreich* : la balourdise. En fait, c'est toute une histoire : on raconte que les habitants de la ville de *Schilda*, les *Schildbürger*, étaient à l'origine si savants et si intelligents que l'on venait sans arrêt les importuner pour avoir un avis, un conseil. Ils décidèrent donc de devenir bêtes. Ce qui semble avoir marché, puisque leurs *Streiche*, leurs farces, font beaucoup rire les enfants – et parfois réfléchir les adultes. Ainsi par exemple, lors d'une guerre, ils cachèrent la cloche de leur église au fond d'un lac, et pour être sûrs de la retrouver une fois les hostilités terminées, ils firent une encoche sur leur bateau, à l'endroit précis de l'immersion...

URFÜRST

der Fürst : **le prince**, litt. le premier, celui qui vient en premier, *der früheste, der erste*, angl. *the first*. C'est donc celui qui mène, qui dirige, qui règne : le seigneur.

L'allemand a bien aussi dérivé du latin *primus* + *capere* un autre mot : *der Prinz*, fém. *die Prinzessin*, mais son emploi est réservé aux enfants des rois – *der Kronprinz* : le dauphin – ainsi qu'aux princes charmants et aux princesses des contes de fée.

Cette distinction faite, nous pouvons nous tourner vers ces princes parmi les princes qu'étaient les *Kurfürsten*.

der Kurfürst : **le prince électeur**

Il s'agissait de *deutsche Reichsfürsten* : Princes – profanes ou ecclésiastiques – du Saint-Empire qui, à partir du XIIIe siècle avaient le privilège de procéder à l'élection du roi ou de l'empereur. Leur nombre était limité à sept (les archevêques de Mayence, Cologne et Trève, le comte du Palatinat, le duc de Saxe, le margrave de Brandebourg, et le roi de Bohême), et leur prestige fut, bien entendu, considérable !

Kur - est formé à partir d'un verbe tombé en désuétude : *kiesen / küren (kor, gekoren)* : choisir, élire, mais qui subsiste dans la forme du participe

passé : *er hat sie sich erkoren / auserkoren* : il l'a choisie – parmi toutes ! –, et dans certains mots composés comme :
    der Kürelauf : les figures libres en patinage artistique
    die Walküre : la walkyrie. Ces femmes, sorte d'amazones germaniques, étaient en effet envoyées par *Wotan*, le dieu suprême, sur les champs de bataille ou sur les lieux de duels, de tournois ou de joutes, pour "choisir" celui qui avait l'honneur de séjourner au *Walhall,* ces Élysées nordiques.
    Walhall était, dans la mythologie nordique, le lieu (un mont), où séjournaient les héros morts au combat selon la volonté de Wotan. Les walkyries se rendaient sur le lieu du combat pour exécuter l'ordre du dieu suprême. On sait qu'une de ces walkyries, *Brünhild*, désobéit à cet ordre et que *Wotan* la condamna à descendre parmi les mortels et à dormir entourée d'un cercle de feu jusqu'à ce qu'un homme courageux au coeur pur vienne la délivrer. Ce héros était *Siegfried*, protagoniste de toute l'histoire des *Nibelungen*, cette épopée médiévale dont Richard WAGNER fit une adaptation pour sa tétralogie, "L'Anneau des Nibelungen".
    der Kurfürstendamm ("Kudamm") : avenue célèbre à Berlin, litt. "la digue du Prince électeur" ; c'est le même -*dam(m)* que nous trouvons dans *Potsdam*, non loin de Berlin, ou encore dans *Amsterdam, Rotterdam, Edam*....
    Il serait tentant de croire que
    der Kurort, la ville de cure, soit aussi une ville d'élection en quelque sorte. Mais non : dans ce cas-là, *Kur* vient du latin *curare* : soigner, guérir.
    Dans la langue actuelle, le double sens de l'ancien verbe *kiesen,* c'est-à-dire choisir et élire, est pris en charge par le verbe
    wählen : choisir, voter qui remonte à un terme voulant dire : désirer, souhaiter –, et par le substantif
    die Wahl : le choix, l'élection. La distinction entre les deux sens est garantie par le contexte, bien sûr, mais également par un détail grammatical : *die Wahl* dans le sens de "choix" n'a pas de pluriel. *Die Wahlen* signifie donc en tout état de cause : les élections.

    eine Wahl treffen : faire un choix, des choix
    Wir haben keine andere Wahl : nous n'avons pas d'autre choix
    Hast du schon gewählt ? : As-tu déjà choisi ? et : As-tu déjà voté ?
    das Wahlrecht (sg.) : le droit de vote
    die Wählerschaft (-en) : l'électorat

notons encore :

die Auswahl (sg.) : la sélection
ein wählerischer Mensch : une personne difficile à contenter
ein wahlloses Durcheinander : un bric-à-brac assemblé au hasard, sans discernement

 MSER DEPESCHE

die Emser Depesche : **la dépêche d'Ems**

C'est un exemple "historique" du pouvoir des mots, ou plus précisément même, c'est une illustration convaincante du dicton allemand : *"der Ton macht die Musik"* : "c'est le ton qui fait la musique".

De quoi s'agit-il ?

La Reine d'Espagne ayant dû abdiquer en 1868, le gouvernement espagnol provisoire envisage d'offrir la couronne au prince héritier de Hohenzollern-Sigmaringen (lignée des rois de Prusse). BISMARCK est favorable à ce plan, mais la France s'y montre résolument hostile. L'ambassadeur de France, BENEDETTI, se rend alors à Bad Ems – où séjourne le roi de Prusse, Guillaume Ier –, afin de défendre les intérêts de la France. Mais entre-temps, le prince a retiré sa candidature, et BENEDETTI – peut-être pour réparer l'humiliation d'une mission sans objet – demande une preuve écrite de cette renonciation et des garanties pour l'avenir. Dans une dépêche chiffrée, le roi fait savoir que l'affaire est réglée et qu'il n'a plus rien à dire à BENEDETTI. BISMARCK, autorisé à publier cette dépêche, la résume en une communication assez sèche et donc fort désobligeante pour la France.

Il serait, bien sûr, intéressant de comparer ces deux textes. Mais l'allemand y est tellement "diplomatique", c'est-à-dire alambiqué, qu'il est proprement intraduisible et, dans l'original, accessible avec toutes ses nuances seulement à des germanistes avisés. Mais il est possible de donner des extraits du commentaire de BISMARCK :

> *"[Ich] reduzierte in Gegenwart meiner beiden Tischgäste das Telegramm durch Streichungen, ohne ein Wort hinzuzusetzen oder zu ändern auf die nachstehende Fassung : (...)*

Nachdem ich meinen beiden Gästen die reduzierte Redaktion vorgelesen hatte, bemerkte Moltke : So hat das einen anderen Klang, vorher klang es wie eine Chamade, jetzt wie eine Fanfare in Antwort auf eine Herausforderung." Ich erläuterte : "Wenn ich diesen Text, welcher keine Änderung und keinen Zusatz des Telegramms enthält, in Ausführung des Allerhöchsten Auftrags nicht nur an die Zeitung, sondern auch telegraphisch an alle unsere Gesandtschaften mitteile, so wird er vor Mitternacht in Paris bekannt sein und dort nicht nur wegen seines Inhalts, sondern auch wegen der Art der Verbreitung den Eindruck des roten Tuches auf den gallischen Stier machen." (Otto von Bismarck, Gedanken und Erinnerungen)

"[Je] réduisis, en présence de mes deux hôtes [Roon, ministre de la guerre, et Moltke, chef de l'État-major prussien], le télégramme par des suppressions de mots, sans ajouter ni modifier un seul mot, à la version suivante : (...)
Après avoir fait lecture à mes deux hôtes de la rédaction concentrée, Moltke dit : "Voilà qui change la sonorité ; avant, cela sonnait comme une chamade, là, c'est une fanfare en réponse à un défi." Je commentai : "Si, exécutant l'Ordre Suprême, je communique séance tenante ce texte – qui ne contient aucune modification ni aucun ajout par rapport au télégramme – non seulement aux journaux, mais aussi à toutes nos ambassades, il sera connu à Paris avant minuit et, non seulement à cause de son contenu, mais aussi à cause du mode de publication, produira sur le taureau gaulois l'effet d'un tissu rouge."

Ce qui ne manqua pas de se produire : le 13 juillet, ce texte "aménagé" paraît dans la presse ; dans la nuit du 15 au 16 juillet, Paris vote les crédits de guerre (et affirme, raconte l'anecdote, qu'"il ne manque pas un bouton de guêtre" à l'armée française) ; le 16 juillet, l'Allemagne mobilise, et le 17 juillet, la France déclare la guerre à la Prusse.

Ainsi, BISMARCK était parvenu à ses fins : car il lui importait que ce soit la France qui déclare la guerre, auquel cas l'Autriche, battue par la Prusse en une guerre-éclair en 1866, serait tenue – selon les termes du traité de Prague – d'être l'alliée de cette Prusse "attaquée".

EICH

***das Reich* : l'empire, le domaine**

Le mot, à l'origine, désigne la délimitation d'un espace – *der Bereich* : le domaine ; *reichen bis* : s'étendre jusqu'à ; *erreichen* : atteindre –, et plus tard : l'espace où s'exerce un pouvoir. D'où les composés

das Königreich : le royaume
das Kaiserreich : l'empire
das Totenreich : le royaume des morts etc.

Das Dritte Reich : le Troisième Reich, est, on le sait, celui du national-socialisme, supposé durer mille ans. Mais quels étaient, respectivement, les premier et deuxième Reich ? Le "premier" :

Das Heilige Römische Reich Deutscher Nation : le Saint-Empire romain germanique qui a effectivement duré près de mille ans : du couronnement d'Otton le Grand en 962 jusqu'à l'abdication de l'Empereur François II en 1806. (François II restera, toutefois, empereur d'Autriche.) Le "deuxième" :

Das Deutsche Reich : l'Empire allemand (1871 – 1918).

Entre ce "premier" et ce "deuxième" Reich, nous assistons à l'ascension progressive de la Prusse qui, grâce surtout au génie politique de Otto von BISMARCK, culmine dans la proclamation de l'Empire allemand, le 18 janvier 1871 dans la Galerie des Glaces à Versailles. Son président sera *"Deutscher Kaiser"* : "Empereur allemand" – et non "Empereur d'Allemagne" comme l'aurait souhaité Guillaume Ier. Que cet événement signe la fin du Second Empire français est sans doute ce que l'on appelle "l'ironie de l'Histoire"... Est-ce que la brièveté de cet Empire Allemand en serait une autre ? Le 1er décembre 1918, le fils aîné de Guillaume Ier, *Wilhelm*, Guillaume[1] encore, renoncera à ses droits de succession au trône, et cette renonciation marquera la fin de ce deuxième Reich...

---

[1]Le lecteur attentif pourra s'amuser à trouver d'autres exemples de cette relation entre le – *w* – allemand (ou anglais) et le – *g(u)* – français. Pour amorcer la liste, citons : *Walter* : Gauthier ; *der Wer(wolf)* : le (loup)-garou ; *die Wespe* : la guêpe ; angl. *war* : la guerre ; *der (Tor)wart* : le gardien (de but)...

ACHT

***die Macht* : le pouvoir**
Un mot dont il n'est pas inutile de se souvenir qu'il vient du verbe *vermögen (vermochte, hat vermocht)* : être en mesure de faire quelque chose. Ce verbe *vermögen* vient à son tour de
    mögen (mochte, gemocht) : aimer bien, désirer. Ce qui est intéressant, c'est que die Macht : le pouvoir, soit de la même famille que
    das Vermögen : la richesse, la fortune. Le rapport entre le pouvoir et l'argent est donc dûment attesté par la langue !
Quelques dérivés, composés et références :

    mächtig sein : être puissant
    die Ohnmacht : l'impuissance
    in Ohnmacht fallen : perdre connaissance, s'évanouir
    ohnmächtig sein : être évanoui
    machtlos sein : n'y rien pouvoir, avoir pieds et mains liés
    das Vermächtnis : le legs
    die Vermögensteuer : l'impôt sur la fortune
    der Machtkampf : la lutte pour le pouvoir, le rapport de forces
    der Machtbereich : le ressort, la compétence (ce n'est pas de ma compétence)
    ein Machtwort sprechen : hausser le ton, faire acte / preuve d'autorité
    die Machtergreifung : la prise de pouvoir (celle, notamment, de HITLER en 1933)
    "der Wille zur Macht" : la volonté de puissance (concept de Friedrich NIETZSCHE, 1844-1900)

On peut être curieux de savoir comment *mögen* : aimer bien, désirer, a pu conduire à *vermögen* : pouvoir / être capable de faire quelque chose, puis à *die Macht* : la puissance, le pouvoir. Les étymologistes nous apprennent que *mögen*, très longtemps, voulait dire justement : pouvoir, être capable de, être apte à. Ce qui explique que *möglich* signifie : possible, faisable, et *die Möglichkeit* : la possibilité, l'opportunité. Mais la question de savoir comment s'est opéré ce glissement de sens vers "désirer", reste ouverte. C'est peut-être la raison pour laquelle HEIDEGGER, une fois de plus, s'est laissé séduire par les mots, les prenant à la lettre et leur faisant dire "leur" vérité.

"Der Mensch kann denken, insofern er die Möglichkeit dazu hat. Allein das Mögliche verbürgt uns noch nicht, daß wir es vermögen. (...) Doch wir vermögen immer nur solches, was wir mögen, solches, dem wir zugetan sind, indem wir es zulassen. Wahrhaft mögen wir nur jenes, was je zuvor von sich aus uns mag." (in "Was heißt Denken ?")

"L'homme peut penser dans la mesure où il en a la possibilité. Seulement, qu'une chose soit possible ne nous garantit pas encore qu'elle soit en notre pouvoir. (...) Nous ne pouvons jamais que ce que nous désirons, ce à quoi nous témoignons notre attention, lui permettant ainsi d'être. D'un autre autre côté, nous ne désirons jamais véritablement que ce qui, d'avance déjà, nous désire de lui-même." (Si l'impossibilité de traduire sans trahir avait besoin d'être prouvée, ce serait ici chose faite.)

ANZLER

der Kanzler : le chancelier

Le mot de base est :

die Kanzel : la chaire, du lat. *cancelli*, qui désignait une sorte d'estrade délimitant un espace d'où, soit le prédicateur – *der Kanzelredner* –, soit le législateur s'adressait à un public.

Peu à peu, *der Kanzler* désigne le responsable des documents d'État, puis le terme devient le titre du fonctionnaire suprême de l'État : *der Reichskanzler, der Bundeskanzler.*

der Bundeskanzler : chef du gouvernement fédéral, élu par le *Bundestag*, le parlement fédéral, sur proposition du président fédéral (*Bundespräsident*). Son mandat est de quatre ans. La constitution allemande (appelée *das Grundgesetz* : la Loi fondamentale) donne au Chancelier fédéral de larges pouvoirs, c'est pourquoi le système politique de la République fédérale est parfois qualifié de "démocratie cancellariale".

Afin de ne pas répéter les erreurs de la République de Weimar, la Loi fondamentale a prévu un système de "vote de défiance constructif" (*konstruktives Mißtrauensvotum*) ne permettant au *Bundestag* d'exprimer sa défiance au chancelier qu'en lui élisant un successeur à la majorité de ses membres.

C'est ainsi qu'en 1982, Helmut KOHL a été élu chancelier après adoption de la motion de censure déposée contre le chancelier Helmut SCHMIDT.

die Kanzlei : la chancellerie, mais aussi : l'étude d'un avocat ou d'un notaire

die Kanzleisprache : à l'origine, langue administrative de la chancellerie impériale à Prague (XIVe s.) et base, dit-on, de la langue allemande écrite. En effet, LUTHER, pour la traduction de la Bible en allemand, s'est servi de la *Kanzleisprache* d'Augsbourg, qu'il a enrichie, comme il le dit lui-même, de la langue du peuple. (voir DEUTSCH)

 UNDESTAG

der Bundestag : nom de l'assemblée nationale de la République fédérale d'Allemagne. Elle est élue par le peuple pour quatre ans, selon le système dit de la "représentation proportionnelle personnalisée" (*personalisiertes Verhältniswahlrecht*).

der Landtag : le parlement d'un Land, dont le Président est le *Ministerpräsident* qui est au *Land* ce que le chancelier est au *Bund*, à l'État fédéral. Ces termes ont été formés par analogie avec :

der Reichstag : le parlement du Reich. *Das Reichstagsgebäude*, le bâtiment abritant ce parlement, est, surtout depuis l'incendie du 27 février 1933, plus couramment connu sous ce même nom : *der Reichstag*.

Mais le mot est bien plus ancien. Il désignait en effet la Diète – du lat. *dies* : *der Tag* : le jour – du Saint-Empire romain germanique. Ces Diètes furent des assemblées réunies à l'instigation de l'empereur dans diverses villes d'Allemagne, dont *Augsburg, Worms, Nürnberg*, ainsi que *Regensburg* – Ratisbonne – qui, à partir de 1663, devint le siège permanent de cette assemblée. Dans un certain sens, le *Reichstag* peut être comparé aux "États Généraux" que le roi de France réunissait avant chaque guerre pour obtenir les subsides (impôts) nécessaires.

> *die Tagung* : la session, le congrès, l'assemblée
> *tagen* : tenir ses assises, siéger
> *der Kongreß tagt* : le congrès a lieu, tient ses assises
> *eine Sitzung vertagen* : ajourner, proroger une séance

RECHT

***das Recht* : le droit**
ce substantif vient d'un adjectif :
recht / richtig : juste, sans erreur, lui-même dérivé du verbe latin *regere* : guider.
Selon qu'il y ait inflexion ou non (le *-i-* est un *-e-* infléchi, voir UMLAUT), nous trouvons toute une série de mots et d'expressions dérivés de cet adjectif *recht* :

gerecht : juste, équitable ; – *die Gerechtigkeit* : la justice
das Wahlrecht : le droit de vote ; – *das Grundrecht* : le droit fondamental
die Menschenrechte : les Droits de l'Homme
der Rechtsstaat : l'État de droit ; – *das Recht auf Arbeit* : le droit au travail
jemanden zu etwas berechtigen : autoriser quelqu'un à quelque chose
das Unrecht / zu unrecht : l'injustice / injustement
recht haben ≠ unrecht haben : avoir raison ≠ avoir tort
rechthaberisch sein : vouloir toujours avoir raison, être ergoteur
sich rechtfertigen : se justifier
rechtzeitig : à temps, au bon moment
die Rechtschreibung : l'orthographe

das Gericht : le tribunal ; – *der Richter* : le juge
richten : juger, prononcer une sentence, mais aussi : remettre en état, en ordre
richtigstellen : rectifier, corriger
eine Arbeit verrichten : exécuter un travail
das Richtfest : la fête au moment où le faîtage du toit est terminé, quand, en France, on "pend la crémaillère".
etwas auf/richten : mettre quelque chose debout, à la verticale
errichten : construire, élever, ériger
aufrichtig sein : être sincère ; littéralement : se tenir debout, être debout ...

die Aufrichtigkeit : la sincérité, est donc d'abord une attitude physique : tenir debout, pouvoir regarder l'autre droit dans les yeux, la tête haute : c'est donc, littéralement, une "droiture".

rechts ≠ links : à droite ≠ à gauche
Comme pour les oiseaux des augures, le côté droit est, en allemand, le "bon", le côté gauche est, sinon le "sinistre", du moins le moins respectable.

Ne dit-on pas à l'enfant : *"Gib die schöne Hand !"* : Donne la "belle" main, c'est-à-dire la main droite ; et d'une manière plus générale : *"Das hast du wieder mit der linken Hand gemacht !"* : Là, tu as encore bâclé ton affaire !

En politique, selon la tradition du placement des partis dans l'hémicycle à droite ou à gauche du président de l'assemblée, les partis progressistes sont dits "de gauche" : *die Linksparteien, die Linke* ; les conservateurs "de droite" : *die Rechtsparteien, die Rechte*. On dit d'ailleurs que pour les Anciens, la partie gauche du corps était celle du coeur, organe impétueux, perturbateur, sujet à des changements de rythme ; la partie droite celle du foie, organe régulateur. Toujours est-il que lorsque, en 1983, les "Verts" firent leur entrée au *Bundestag*, on ne savait pas trop où les placer et on finit par les mettre au milieu, entre le SPD et le CDU/CSU. Ils étaient seize, à l'époque, et chacun est venu avec son pot de fleurs...

Puisqu'on parle de partis politiques, de droite et de gauche : il ne faut pas s'étonner que ces deux tendances soient, en Allemagne, plus resserrées vers le milieu qu'il ne sont traditionnellement en France. Et cela s'explique : quelle était, en effet, la situation en Allemagne fédérale après la guerre ? A droite, il y avait le spectre du national-socialisme : la droite (CDU/CSU) se poussa donc un peu vers le centre ; à gauche, il y avait le "socialisme réel", autrement dit le communisme : la gauche (SPD), elle aussi, se poussa un peu vers le centre. Ce qui explique qu'à une certaine période, un Chancelier fédéral SPD et un Président français UDF n'avaient aucun mal à fort bien s'entendre, et qu'un Chancelier fédéral CDU et un Président français PS pouvaient continuer sur la lancée...

RBEITEN

***arbeiten* : travailler**

Ce mot très ancien semble occuper aujourd'hui tout le terrain du travail, allant du *Arbeiter* : l'ouvrier à l'*Arbeitslosigkeit* : le chômage, du *Arbeitstier* : le bête de somme (pr. et fig.) à la *Trauerarbeit* : le travail de / du deuil. Or, il existait autrefois deux autres verbes pour dire "travailler", et que *arbeiten* semble avoir évincés :

werken : travailler, (cf. angl. *to work*), un verbe pratiquement disparu, mais que nous trouvons encore dans les substantifs tels que

die Werkstatt : l'atelier,
der Handwerker : l'artisan,
das Werk : l'œuvre.

schaffen : travailler, créer. Pour ce verbe, le sens de "travailler" a disparu et ne survit que dans certains dialectes du Sud. Quant aux expressions *er hat's geschafft* : il a réussi, il y est arrivé, ou *du schaffst das schon !* : tu y arriveras, tu verras !, le verbe *schaffen* n'y signifie plus le travail, mais son aboutissement ou sa fin. Les formations à particules comme *sich etwas anschaffen* : acquérir quelque chose, ou *ein Gesetz abschaffen* : abolir une loi, rappellent cependant le sens assez large que pouvait avoir ou prendre *schaffen*.

Aujourd'hui, le verbe *fort schaffen (schuf, geschaffen)* n'a plus que la signification de : créer – avec les composés comme *die Schaffenskraft* : la force créatrice, ou les dérivés *der Schöpfer* : le créateur ; *die Schöpfung* : la création.

A côté de ces deux verbes, dont l'un exprimait la nuance d'un travail artisanal, manuel, l'autre d'un travail plus créatif, **arbeiten** désignait à l'origine un pur travail d'exécution, avec un arrière-goût de peine et de labeur, sans place aucune pour quelque créativité que ce soit. L'expression *Mühe und Arbeit* : peine et labeur, dit bien que ce type de "travail" n'était ni épanouissant ni valorisant. En effet, dans les langues slaves, *robû, rob, robot* veulent dire : serviteur, esclave, trimer, et *der Roboter* : le robot, est de cette même famille.

C'est sans doute à LUTHER que nous devons l'élargissement du sens de *die Arbeit* : tout travail de l'homme est bien un travail de serviteur, puisque l'homme est le serviteur de Dieu, et qu'il ne saurait y avoir d'autre "créateur" que Lui. Ce rappel à la pénible condition humaine ne va d'ailleurs pas sans avertissement moral : *"Wer nicht arbeitet, soll auch nicht essen !"* : "Qui ne travaille pas, ne mangera point !" Son pain, il faut le *verdienen*, c'est-à-dire qu'il faut le gagner, certes, mais d'abord le mériter (voir VERDIENEN). Voilà donc, pourquoi notre travail nous semble parfois si pénible.

La langue, cette bavarde, nous raconte autre chose encore : avant que ce dur labeur soit le lot de tout le monde, il fut le triste privilège des pauvres. En effet,

arm : pauvre, est de la même famille que *arbeiten*. Signifiant d'abord : être abandonné, orphelin, l'adjectif désignait donc celui à qui il ne restait qu'à travailler pour subsister. Et s'il travaillait bien, d'ailleurs, il pouvait *sich etwas*

erarbeiten, acquérir quelque chose, et le fruit de son travail pouvait passer à la génération suivante sous l'appellation de
   das Erbe : l'héritage, toujours de la famille du mot *arbeiten*.

Et celui qui était généreux et avait un coeur pour les pauvres, on le disait *arm-herzig*, littéralement : miséri-cordieux, il savait *sich erarmen*, savait avoir de la pitié. C'est pour des raisons de diction que les deux derniers termes cités sont devenus respectivement
   barmherzig : charitable, et *sich erbarmen* : avoir pitié.

Le verbe *arbeiten*, précédé d'une particule ou d'un préfixe, prend une variété de sens précis quant à la manière d'exécuter un travail, par exemple :

   ein Dossier durch/arbeiten : travailler un dossier à fond, d'un bout à l'autre
   ein Projekt erarbeiten : mettre un projet sur pied
   ein Thema bearbeiten : traiter / travailler sur / un sujet
   eine Vorlesung nach/arbeiten : reprendre / étudier / un cours (d'université)
   der Vorarbeiter : le contremaître
   gute Vorarbeit leisten : faire du bon travail de préparation
   vor/arbeiten : prendre de l'avance (dans son travail)
   ein Projekt aus/arbeiten : explorer (tous les détails d') un projet
   den Rohstoff verarbeiten : transformer / utiliser la matière première
   die Wiederverarbeitung : le recyclage

ERDIENEN

verdienen : **1. mériter** ; **2. gagner** (de l'argent)

Le verbe de base est
   dienen : servir, être serviteur. Dans l'esprit allemand, il n'y a pas double sens pour le verbe *verdienen*. En effet :

   eine Auszeichnung verdienen : mériter une distinction, et
   Geld verdienen : gagner de l'argent

relèvent tous deux de la notion de mérite.

En revanche, il y a deux substantifs distincts, du moins par leur genre :

   das Verdienst : le mérite
   der Verdienst : le gain, le revenu

Ainsi, l'allemand fait la distinction – comme l'anglais d'ailleurs – entre

Geld verdienen : gagner de l'argent par le travail, et
Geld gewinnen ≠ verlieren : gagner ≠ perdre de l'argent au jeu,

et cette distinction est importante. Il faut avoir mérité l'argent qu'on gagne, et il faut aussi que cela soit dit !
Mais les temps changent : cette distinction entre "gain" et "mérite" devenant un peu plus floue, les mots se sont adaptés. Le substantif *der Gewinn* désigne le bénéfice, en affaires, sans aucune connotation suspecte ou désobligeante.

ARK

die Mark : **le Mark**, nom de la monnaie allemande.
Initialement, *die Mark(e)* signifie la marque, le poinçon appliqué sur une barre de métal / d'argent d'un certain poids, en l'occurrence d'une demi-livre. Comme pour l'angl. *pound* : la livre, la désignation du poids devient par extension le nom de la pièce d'argent elle-même.
A partir de 1873, *die Mark* est le nom de la monnaie allemande ; après la grande inflation de 1923, elle s'appelle provisoirement *Rentenmark* (billets émis par la *Deutsche Rentenbank* et couverts par des *Grundschuldbriefe*, des titres de créance à 5%), avant de devenir, en 1924, *die Reichsmark* et, avec la réforme monétaire de Ludwig ERHARD en juin 1948, die *Deutsche Mark* (*DM*). Le *Reichsmark* fut alors retiré de la circulation et chaque Allemand toucha 60 Deutschmark, soit 40 immédiatement et 20 deux mois plus tard.
La RDA revint à l'appellation simple : *die Mark*. Celui-ci cessa d'exister le 1er juillet 1990, date de la *Währungseinheit*, de l'unité monétaire entre les deux Allemagne, où il fut échangé contre le DM, à concurrence d'un certain plafond, sur la base de 2 contre 1.
N.B. : Il existe un homonyme, ***die Mark*** : la "marche", pour lequel il convient de faire quelques observations. En effet, à l'origine le sens est bien apparenté à celui de la pièce de monnaie : il s'agit d'abord d'une ligne de démarcation, d'une frontière. Puis le terme désigne un district militaire établi sur une frontière, et, par extension, une région frontalière. Ainsi

die Ostmark est à l'origine le nom donné à la région à l'est de la Bavière, devenue *Österreich*, l'Autriche. Toutefois, après l'Anschluß en 1938, *Ostmark* redevient, pour le temps que l'on sait, le nom officiel pour l'Autriche.

Mais il y a eu confusion pour *die Mark Brandenburg* : la Marche de Brandebourg ! Car il n'est pas, ici, question de région frontalière, mais de *Marsch*, c'est-à-dire de marais, de plaine marécageuse (lat. *mare* : la mer), de polder.

der Pfennig : le centième du Mark, le centime (cf. angl. *penny*)

On apparente ce mot issu du gothique *pannings à *das Pfand* : le gage, et suppose comme origine première le lat. *pannus* : un morceau de tissu. En effet, avant d'être en métal, les "sous", c'est-à-dire les moyens de paiement ou de troc, étaient des morceaux de tissu, d'habits, donc véritablement des pièces d'échange, des gages.

Le signe du *Pfennig*, δ, un delta, vient de l'abréviation du lat. *denarius* : pièce de la valeur de dix *as* – *l'as* étant à son tour une unité de monnaie, de poids et de mesure.

der Heller est une autre appellation pour le sou et désignait plus spécialement le centime en cuivre, frappé depuis le début du XIIIe s. à Schwäbisch-Hall (*denarius Hallensis*). Nom du centième de la couronne (*die Krone*) en Autriche jusqu'en 1924, il n'a plus cours aujourd'hui, mais nous le trouvons abondamment dans la littérature et, au sens figuré, dans certaines tournures :

> *Das ist keinen (roten) Heller wert.* : Cela ne vaut pas un clou.
> *Ich hab keinen lumpigen Heller !* : Je n'ai pas un sou vaillant / pas un rond !
> *Er wird mir das auf Heller und Pfennig zurückzahlen.* : Il me le rendra au centime près.

der Taler : le thaler, l'écu

Il s'agit de pièces de monnaie frappées dans l'argent extrait, à partir du XVIe siècle, dans les mines du *Joachimstal* – *das Tal* : la vallée –, dans l'*Erzgebirge*. On dira que c'est de l'histoire ancienne et qu'aujourd'hui, c'est le D-Mark qui compte. Certes, mais du point de vue étymologique, *der T(h)aler* a un descendant illustre : *le dollar*...

 ÄHRUNG

die Währung : **la monnaie, la devise**
Regardons la famille du mot :

> *währen* : durer
> *gewähren* : accorder, octroyer
> *die Gewähr* : la garantie
> *gewährleisten* : garantir

Il s'agit donc bien, dans cette dénomination de la monnaie, de garantir une valeur stable et sûre. Quand elle l'est particulièrement, les Allemands parlent d'une *harte Währung* : d'une monnaie "dure", là où les Français la disent "forte".

die Währungsreform : la réforme monétaire. Nous avons évoqué celle de 1924, puis celle de 1948 en parlant du *Mark.* Elles sont "historiques". Aujourd'hui, il convient de distinguer entre deux termes très proches :

die Währungseinheit : l'unité monétaire inter-allemande en vigueur à partir du 1er juillet 1990, date à laquelle le D-Mark devint la monnaie unique pour tout le territoire allemand, avant même la (Wieder)vereinigung – la (ré)unification – qui ne sera officielle que le 3 octobre de la même année ;

die (europäische) Währungsunion : l'union monétaire (européenne). Il faut bien dire que les Allemands ont du mal à se faire au nom proposé pour la monnaie unique européenne :

der / die ECU (European Currency Unit : *Europäische Rechnungseinheit* : ERE) ! C'est que, d'une part, le renoncement au D-Mark, véritable symbole de la prospérité allemande d'après-guerre, est un adieu difficile. Et que d'autre part, ECU – prononcé [éc'ou] – n'évoque en rien, pour l'oreille allemande, la ronde joyeuse des "espèces sonnantes et trébuchantes" ! (Image erronée, d'ailleurs, car ces pièces, en français non plus, ni ne dansent ni ne trébuchent : elles ont simplement été pesées sur cette petite balance appelée "trébuchet", et... "font le poids" !)

das Geld : **l'argent, la monnaie**, formation assez récente à partir du verbe
gelten (galt, hat gegolten, er gilt) : valoir (cf. angl. *yield*).

Profitons de parler de ce verbe *gelten* pour expliquer le sens et la provenance de ce *"gelt ?"*, ou encore *"gell ?"* que les Allemands, surtout dans le Sud, emploient si fréquemment et qui correspond un peu au "n'est-ce pas ?" français : après avoir énoncé les termes d'un pari, les deux parieurs frappaient leur main droite l'une contre l'autre et s'écriaient : *"es gelte !"*, un subjonctif : "que cela vaille !". Aujourd'hui, les phrases qui finissent en *"gelt ?"* sont au contraire toujours très douces :

> *Du kommst doch morgen, gell ?* : tu viendras demain, promis ?
> *Gelt, jetzt hast dich erschrocken ?* : Tu as eu peur, n'est-ce pas ?

Autrefois, le verbe *gelten* signifiait aussi : dédommager, offrir en sacrifice, une signification qui se trouve encore dans des mots ou expressions comme :

> *das Entgelt* : la rémunération, la récompense, le dédommagement
> *entgelten* : payer, dans le sens, également, de : expier
> *jemandem etwas vergelten* : rendre à quelqu'un ses bontés / son dû
> *die Vergeltung* : la vengeance
> *gültig ≠ ungültig* : valable, valide ≠ non valable, périmé.

Quelques composés courants de *Geld* :

> *das Papiergeld* : le billet de banque
> *das Kleingeld* : la petite monnaie
> *das Bargeld* : l'argent liquide (*bar* : nu, à nu)
> *das Taschengeld* : l'argent de poche
> *die Gelder* (pl. assez récent) : les fonds

 ETTE

die Wette : le pari

wetten : parier

Nous sommes ici en présence d'un exemple de la relation *"w"* alld. / angl. et *"g"* frç., car à l'origine, *die Wette* veut effectivement dire *le gage*, et ce mot français, ainsi que l'ital. *gaggia*, sont bien attestés comme étant d'origine germanique.

Il est amusant de découvrir qu'en allemand, *wetten* voulait dire à un certain moment : fiancer, voire marier (cf. angl. *wedding*), ce qui rappelle de très anciennes pratiques du mariage conclu comme une affaire *(die Kaufehe)*. A moins qu'il ne s'agisse d'un autre type de lien sémantique : la promesse d'une vie commune "jusqu'à ce que la mort nous sépare" serait-elle, véritablement, un pari ?

Bien sûr que le pari existe encore, disons sous forme de jeu. Mais nous vivons à une époque de compétition, de course au succès, de combat permanent contre tout, et *die Wette* est devenu un déterminant de première importance :

der Wettbewerb : *la compétition, la concurrence*
die Wettbewerbsfähigkeit : la compétitivité
der Wettkampf : le combat, la compétition
der Wettlauf : la course
das Wettrennen : la course automobile
der Wetteifer : l'esprit de compétition, l'émulation
das Wettrüsten : la course à l'armement

ILDUNG

die Bildung : **la formation, l'instruction, la culture**

Ce substantif se compose du radical du verbe *bilden* : former, et du suffixe *-ung* qui suggère la notion d'un processus plutôt que celle d'un résultat. Ce résultat serait plutôt

das Bild : l'image, le tableau, mais aussi : la métaphore.

"Hier sitz' ich, forme Menschen nach meinem Bilde...", dit le Prométhée de GOETHE : "Me voici, façonnant des hommes à mon image"... Si GOETHE emploie le verbe *formen*, c'est peut-être surtout pour éviter une répétition, car

bilden voulait dire à son époque encore : façonner, donner forme à quelque chose, construire – cf. angl. *to built* –, un sens qui subsiste dans *das Gebilde* : l'œuvre, la forme, la configuration.

Ce n'est qu'au XVIIIe siècle que le sens de "former" dans l'acception de formation éducative est venu s'ajouter, puis se substituer au sens de "construire" : *das Herz bilden* : former le cœur, *das körperliche und geistige Bilden* : la formation du corps et de l'esprit.

Parallèlement à ce changement de sens apparaît le substantif

die Bildung, nettement défini comme étant la formation du caractère. C'est KLOPSTOCK qui en fait un terme "pédagogique", et Moses MENDELS-SOHN ne manque pas de se plaindre :

> *"Die Worte Aufklärung, Kultur, Bildung sind in unserer Sprache noch neue Ankömmlinge. Sie gehören vorderhand bloß zur Büchersprache, der gemeine Haufe versteht sie kaum."*
>
> "Le mots Aufklärung, culture, formation sont des nouveaux-venus dans notre langue. Ils n'appartiennent pour l'heure qu'à la langue des livres et le commun du peuple ne les comprend guère."

Ce qui n'empêche pas le concept de faire fortune : *der Bildungsroman*, le roman initiatique – *"Wilhelm Meister"* de GOETHE p. ex. – devient un genre littéraire à part, et aujourd'hui *die Bildung* a pris le sens de : culture générale. *Ein gebildeter Mensch* est une personne cultivée, une sorte d'"honnête homme" au sens qu'avait ce concept dans la France du XVIIe siècle. Et comme le fait de se cultiver est un processus sans fin, l'activité de toute une vie, il s'est formé plus récemment le terme de

die Ausbildung : la formation professionnelle, c'est-à-dire la formation dans un domaine précis, dans lequel on peut être censé "tout savoir". La particule *aus-* suggère en effet l'idée d'aller jusqu'au bout, une idée d'achèvement donc, comme on dit *ein Glas aus/trinken* : vider un verre. Mais attention :

die Einbildung n'est pas la déformation professionnelle ni quelqu'autre antonyme de *Ausbildung*. *Die Einbildung* est l'imagination, dans le sens d'illusion, de chimère. C'est, pourrait-on dire, le cinéma que l'on se fait dans sa tête. Sans doute est-ce pour cela que le sens du mot s'est élargi à celui de : prétention, vanité, et qu'un dicton allemand dit, jouant ironiquement sur les mots : *"Einbildung ist auch eine Bildung"* : "La vanité aussi est une forme de culture"... Toute une série d'expressions nous montrent d'ailleurs que le terme *die Einbildung* est plutôt perçu négativement :

> *ein eingebildeter Mensch* : une personne vaniteuse, prétentieuse
> *Du bildest dir das doch nur ein !* : C'est pure imagination / invention de ta part !
> *Darauf braucht man sich nichts einzubilden !* : Il n'y a pas de quoi être fier !
> *Bilden Sie sich bloß nicht ein, daß ich das vergesse !* : N'allez surtout pas croire que je vais oublier ça !
> *Das existiert nur in seiner Einbildung.* : Cela n'existe que dans son imagination.

Pour dire l'imagination créatrice, la langue allemande dispose de deux termes :

die Einbildungskraft, dont KANT dit qu'elle est "la faculté de coordonner la diversité intérieure", une définition qui nous montre bien que KANT fait référence à l'idée de "construire" plutôt qu'à celle d'"imaginer" ;

die Phantasie, en revanche, désigne l'imagination proprement poétique ou artistique, elle est "cette étrange fille de Jupiter, toujours naissante, à jamais mouvante, son enfant préférée" comme dit GOETHE qui n'hésite pas à l'appeler *"Meine Göttin"* : "Ma Déesse".

Traduire, du moins aujourd'hui, *die Phantasie* par "la fantaisie" est donc un faux sens. La fantaisie, ce caprice qui nous passe par la tête, serait plutôt, en allemand : *die Laune*.

Notons, pour finir, quelques composés et dérivés de ces mots *Bild, bilden, Bildung* :

> *eine Gruppe bilden* : former un groupe
> *sich ein Bild machen (von etwas)* : se faire une idée (de quelque chose)
> *im Bilde sein* : être informé, au courant
> *eine gute Nachbildung* : une bonne reproduction
> *das Abbild* : la copie, la fidèle réplique
> *das Bildnis* : le portrait
> *das Vorbild* : le modèle
> *die Schulbildung* : l'instruction
> *die Allgemeinbildung* : la culture générale
> *die Fortbildung / Weiterbildung* : la formation continue
> *das Bildungssystem* : le système éducatif

ERZIEHUNG

die Erziehung : l'éducation

Il ne faut pas se fier à cette traduction qui peut faire penser à l'école, au système éducatif, voire à l'Éducation Nationale... L'éducation, telle que l'entend le mot *Erziehung*, est d'abord est surtout l'affaire des parents : *ein Kind erziehen* : élever un enfant ; *ein gut ≠ schlecht erzogenes Kind* : un enfant bien ≠ mal élevé. Et si vraiment eux n'y arrivent pas, on fait appel à un *Erzieher* : un éducateur.

Le verbe de base est

ziehen (zog, gezogen) : tirer, mais aussi : passer d'un endroit à l'autre, et avec le préfixe de finalité *er-* (voir PRÉFIXES), cela donne le verbe

erziehen : élever, éduquer, faire en sorte que l'objet de cette éducation soit capable, à la fin de l'opération, de se tirer d'affaire tout seul, de s'en sortir...

Le verbe *erziehen*, ainsi que le substantif *die Erziehung* disent donc un projet éducatif, promettant la possibilité d'un achèvement. Il ne s'agit pas, heureusement, d'achever l'enfant – l'ambiguïté est dans la langue française, non dans l'allemand ! –, mais de le rendre capable de vivre en société, de lui donner des manières, bonnes si possible. Que le résultat ne soit pas toujours fonction des intentions ou que les intentions ne soient pas toujours mises en oeuvre à bon escient, la langue l'a également prévu : un enfant gâté, mal élevé est *ein verzogenes Kind* : on a littéralement trop "tiré" de tous les côtés, si bien qu'il se retrouve *verzogen* : déformé, comme on dit d'un vêtement dont les coututres gondolent, ou d'une poutre gauchie.

Par ce projet éducatif, toutefois, *erziehen* se distingue de deux verbes tout proches : *groß/ziehen*, et *auf/ziehen,* tous deux voulant dire élever dans le sens de : permettre de grandir, nourrir, pourvoir aux besoins physiques d'un enfant – ou d'un animal. *Romulus und Remus wurden von einer Wölfin großgezogen* : Romulus et Rémus furent élevés / nourris par une louve.

Mais la famille de ce verbe *ziehen* est grande, et la frontière entre le monde animal et le monde humain est parfois bien mince. Ainsi

die Zucht veut dire : l'élevage, mais aussi : les bonnes manières, la bonne conduite, l'honnêteté, la discipline. *Hier herrscht Zucht und Ordnung* : ici règnent la discipline et l'ordre, ou encore : ici, pas trace d'insubordination.

das Zuchthaus : la prison, la maison de réclusion est un terme où *Zucht* prend déjà un sens nettement plus redoutable : initialement synonyme de *Erziehungsanstalt*, maison d'éducation, de redressement, "centre de rééducation" comme on dit aujourd'hui, le mot prend très tôt des accents de punition – *Strafanstalt*, un autre terme pour prison. En effet, on note dès le milieu du XVIIe siècle que *"Zuchthaus ist ein milder Ausdruck für eine harte Sache"*, que *Zuchthaus* est "un terme bien doux pour une chose bien dure". Il faut croire que LUTHER et la sévérité protestante étaient passés par là. Comme d'ailleurs pour un autre mot de la famille :

die Züchtigung : le dressage. C'est un terme assez violent, la preuve : l'outil de ce dressage, *die Zuchtrute*, est en effet la verge, la trique, la férule.

Et quand LUTHER parle de la *Zuchtrute Gottes*, il emploie une métaphore pour dire "le fléau" – qui, si l'on en croit le mot, est donc toujours punition, correction, "leçon".

Du côté des animaux et des plantes, nous avons le diminutif verbal

züchten : faire de l'élevage (*die Viehzucht* : l'élevage), cultiver (*Rosen züchten*).

Il est vrai que les termes français élever et cultiver relèvent également, chacun, de deux domaines...

GEHORCHEN

gehorchen : obéir

der Gehorsam : l'obéissance

Ces termes, qui tiennent ou du moins tenaient une grande place dans l'éducation allemande, dans la discipline militaire, ainsi que dans l'attitude religieuse de soumission à Dieu, viennent du verbe

hören : entendre. Un verbe qui, selon certains étymologistes, serait apparenté à das *Ohr* : l'oreille (lat. *auris*) ; le *h* initial viendrait du préfixe indo-européen *ak (lat. *acer*, aigu, affûté) ; ce qui donnerait à l'ancêtre de *hören*, *ak-ous (cf. frç. acoustique) le sens premier de : pointer l'oreille. D'où, d'ailleurs :

jemandem zu/hören : écouter quelqu'un.

horchen, écouter, mais dans le sens d'épier, est un dérivé de *hören*. *An der Tür horchen* : écouter aux portes ; *"Der Horcher an der Wand hört seine eigene Schand."* (proverbe) : "Celui qui écoute aux portes (aux murs), entend sa propre honte." L'avertissement est clair : ça lui apprendra... En revanche,

gehorchen, obéir, est plutôt recommandé. Dérivé de *hören*, le verbe signifie donc : entendre et en tenir compte. Il est intéressant de voir que

gehören : appartenir, dérive également et de *hören*, et s'apparente à *gehorchen*, obéir. On "appartient" à celui qui nous commande, voire même à celui qui nous nomme. Yahvé ne dit-il pas à Jacob : "Je t'ai appelé par ton nom, tu es à moi." ? (Isaïe, 43,1 ; voir HEISSEN) Le lien entre *hören* / *gehorchen* / *gehören* : entendre / obéir / appartenir n'est donc pas fortuit, bien au contraire. Il allait de soi pendant toute la période féodale et l'on n'a osé en déduire que plus tard que celui qui ne fait qu'obéir ne s'appartient pas. D'ailleurs, pour le cas extrême où l'obéissance devient assujettissement, dépendance absolue, l'allemand a un autre mot de la même famille :

börig sein. Il s'agit initialement d'un terme de la langue juridique pour désigner un rapport de dépendance, entre serf et souverain par exemple. Mais aujourd'hui, la signification de *Hörigkeit* det de *börig sein* est celle d'une dépendance sexuelle quasi pathologique, ou encore celle d'un esclavage, d'une soumission inconditionnelle à quelqu'un ou à quelque chose. Dans tous les cas, le terme est perçu très négativement et il est conseillé de l'employer avec prudence et discernement.

N.B. Pour ce qui est du verbe *gehören*, il y a un certain nombre d'expressions idiomatiques que l'on rencontre très souvent :

zu einer Gruppe gehören : faire partie d'un groupe, lui appartenir, mais non pas dans le sens d'une possession. Et à ne pas confondre avec :

> *jemandem zu/hören*, cité plus haut : écouter quelqu'un.
> *Das gehört nicht hierher.* : Cela n'a pas sa place ici / cela n'a rien à faire ici.
> *Du bist krank, du gehörst ins Bett !* : Tu es malade, il faut te coucher / ta place est au lit.
> *Das gehört verboten !* : Il faut l'interdire ! / C'est à interdire !

 EISSEN

beißen **: s'appeler, signifier, nommer, ordonner**

Le sens courant du verbe heißen est aujourd'hui : s'appeler – *"Ich heiße Peter."* : Je m'appelle Pierre. Un autre sens habituel est : signifier, vouloir dire – *"Was heißt dieses Wort ?"* : Que signifie ce mot ?

Il existe cependant deux autres sens de ce verbe qui, sans être hors d'usage, sont un peu passés au second plan : nommer, et : donner l'ordre de faire quelque chose.

Ainsi, on nomme quelqu'un – *"Ich heiße dich Peter."* – pour qu'il possède ce nom qui désormais le représente – *er heißt Peter = er ist Peter –*, mais aussi pour l'appeler à venir entendre un ordre – *"Ich heiße dich aufstehen."* : Je t'ordonne de te lever. Comme c'est le cas pour la famille de *hören – gehorchen – gehören* (voir GEHORCHEN), les différents sens de *heißen* disent bien le pouvoir que confère l'acte de nommer. Nous trouvons d'ailleurs la même chose dans l'angl. *to call / the call*, ainsi que dans le frç. *appeler / l'appel*, et pouvons citer NIETZSCHE :

> "*Das Herrscherrecht, Namen zu geben, geht so weit, daß man sich erlauben sollte, den Ursprung der Sprache selbst als Machtäußerung der Herrschenden zu fassen. Sie sagen 'Das ist das und das', sie siegeln jegliches Ding und Geschehen mit einem Laute ab und nehmen es dadurch gleichsam in Besitz.*" (Zur Genealogie der Moral 1,2)

"Le droit des maîtres de nommer va si loin que l'on devrait se permettre de voir dans l'expression de la puissance des maîtres l'origine même de la langue. Ils disent 'Ceci est ci et ça', ils scellent toute chose et tout événement d'un son et de ce fait, en quelque sorte, se l'approprient."

HEIDEGGER, quant à lui, est moins radical. Dans l'énoncé *"Was heißt uns denken ?"*, il n'entend pas un ordre qui nous commanderait à penser, mais dit : *"Was uns denken heißt, gibt uns zu denken."* : "Ce qui nous appelle à penser nous donne à penser", nous offre ce don. Du coup, nous entendons un peu autrement cette "injonction" de Jésus : *"Ich heiße dich aufstehen !"* : "Lève-toi et marche !" – Je t'or-donne de te lever ! ...

Si le sens transitif de *heißen* existe encore, il est rarement employé et a été remplacé par

nennen : nommer – apparenté à *der Name* : le nom –, et

befehlen : ordonner, commander, un verbe beaucoup plus conciliant, puisqu'à l'origine il voulait dire conseiller, recommander (aujourd'hui : *empfehlen*), mais aussi : confier, voire : cacher, ensevelir.

Quant à *heißen*, le verbe est aujourd'hui employé le plus fréquemment dans les sens de : s'appeler, signifier, vouloir dire :

> *Wie heißen Sie ?* : Comment vous appelez-vous ?
> *Ich heiße Peter Meyer* : Je m'appelle P.M.
> *jemanden willkommen heißen* : souhaiter la bienvenue à quelqu'un
> *Was heißt das ?* : Qu'est-ce que cela signifie ?
> *Was soll das heißen ?* : Qu'est-ce à dire ? A quoi cela rime ?
> *hier heißt es wörtlich, daß...* : on dit textuellement ici que...
> *es heißt, daß...* : on dit que..., le bruit court que...
> *Jetzt heißt es gut überlegen !* : Maintenant il s'agit de bien réfléchir !

 ÜNDIG

mündig sein : être majeur

Cette expression vient du substantif
der Mund : la bouche. Il s'agit donc de la parole, et *mündig sein* signifie littéralement "être responsable" dans le sens de : répondre avec sa bouche, donc répondre en son nom, répondre de ses actes.

La langue moderne propose, certes, *die Volljährigkeit / die Großjährigkeit* pour l'âge de la majorité, mais elle a gardé :
der Vormund : le tuteur – celui qui parle devant / avant / à la place de...
das Mündel : la pupille
jemanden entmündigen : mettre quelqu'un sous tutelle
jemanden bevormunden : tenir quelqu'un en tutelle, mais dans le sens de le tenir en laisse en quelque sorte, de se substituer, abusivement, à sa parole.

Voici comment KANT définit le terme de ***unmündig*** :

> "... *Faulheit und Feigheit sind die Ursachen, warum ein so großer Teil der Menschen, nachdem sie die Natur längst von fremder Leitung freigesprochen, dennoch gerne zeitlebens unmündig bleiben ; und warum es andern so leicht wird, sich zu deren Vormündern aufzuwerfen. Es ist so bequem, unmündig zu sein. Habe ich ein Buch, das für mich Verstand hat, einen Seelsorger, der für mich Gewissen hat, einen Arzt, der für mich die Diät beurteilt, so brauche ich mich ja selbst nicht zu bemühen. Ich habe nicht nötig, zu denken, wenn ich nur bezahlen kann. Andere werden das verdrießliche Geschäft schon für mich übernehmen...*" (Kritik der praktischen Vernunft, 1788 ; voir aussi AUFKLÄRUNG)

> "... La paresse et la lâcheté sont cause qu'un si grand nombre de personnes, alors que la nature les a depuis longtemps acquittées de toute tutelle, aiment à rester, leur vie durant, mineures / irresponsables ; et qu'il est si facile pour d'autres de se déclarer péremptoirement leurs tuteurs. Il est si commode d'être irresponsable. Si j'ai un livre qui pense à ma place, un père spirituel qui se charge de ma conscience, un médecin qui décide de mon régime, je n'ai pas besoin de faire un quelconque effort moi-même. Pour peu que je sois en mesure de payer, je n'ai nul besoin de penser. D'autres se chargeront bien de cette pénible besogne..."

### RÜSSEN

grüßen : saluer ; ***der Gruß*** : la salutation

Le verbe *grüßen* est très ancien et veut dire d'abord : faire parler quelqu'un. On ne s'embarrassait pas de formules de politesse, on s'adressait à quelqu'un pour qu'il parle. Il est vrai que c'était avant l'ère de la "communication"...

Dans le Sud de l'Allemagne et en Autriche, on se salue en disant ***"Grüß Gott !"*** qui ne veut pas dire : "salue Dieu de ma part", mais bien *"Grüß dich Gott"* : "que Dieu te salue" !

D'ailleurs : il n'est nullement impoli de ne pas faire suivre ce *"Grüß Gott !"* ou *"Guten Tag !"* d'aucun "Madame" ou "Monsieur". Soit on dit simplement ***"Guten Tag"***, soit on dit *"Guten Tag Herr Meier"*. Si on ne connaît pas le nom de la personne que l'on salue, mais qu'on veut être particulièrement poli, on dit, mais pour les dames seulement : *"Guten Tag, gnädige Frau"* – très courant en Autriche où cela devient : *"gnä Frau"*. En revanche, les Allemands – et peut être plus encore les Autrichiens – sont très à cheval sur les titres : il y a des *Herr / Frau Doktor* partout. Ce ne sont pas tous des médecins ! On peut faire son *Doktor* – rédaction et soutenance d'une sorte de thèse de 3e cycle – en toute discipline, et dans la plupart des cas, on s'est donné cette peine essentiellement pour ce *Dr.* devant son nom. Cette peine, oui, car les Universitaires, *die Akademiker*, n'échappent pas à l'escalation générale : la *Doktorarbeit* est passée des 21 pages dactylographiées rendues par Albert EINSTEIN en 1905 à quelques 500 pages ! Cela ajoute effectivement du poids à une tradition déjà lourde d'un sens très aigu de l'hiérarchie...

Si l'on s'adresse à un public, à l'occasion d'une conférence par exemple ou d'une allocution, *"Sehr geehrte Damen und Herren"* correspond au français : "Mesdames, Messieurs".

Ce ***sehr geehrt*** : très honoré, est également de rigueur dans une lettre : *Sehr geehrter Herr Direktor !, Sehr geehrter Kollege !...* Disons que l'on ne peut pas en faire moins, et que le point d'exclamation – on commence à mettre la virgule – ne veut pas dire qu'il s'agit d'un rappel à l'ordre quelconque. C'est simplement pour donner un peu plus de poids au *sehr geehrt*. Et, bien sûr, on peut toujours en rajouter : *Sehr geehrter, werter Freund !* et autrefois, cela devait être un véritable casse-tête pour choisir la manière appropriée de s'adresser à quelqu'un. Mais les Allemands sont plutôt devenus sobres dans ce domaine.

Cette sobriété vaut aussi pour les fins de lettre, où un *hochachtungsvoll*, litt. : plein de haute estime, fait l'affaire en toute circonstance pour tout ce qui n'est pas de l'ordre de la correspondance privée. Il faut cependant dire que ces derniers temps, on préfère de plus en plus à ce stéréotype bien poussiéreux la tournure *mit freundlichen Grüßen* : avec les meilleures salutations.

Une des difficultés dans les relations avec les Allemands semble être, pour les Français, la fameuse **forme de politesse**. A part le tutoiement, tout semble bien compliqué pour un Français. Or, l'allemand est seulement un peu plus précis.

Comment cela ?

Voici : il y a un singulier et un pluriel du tutoiement, et il y a une seule forme de vouvoiement (sg. et pl. indifférencié) pour laquelle on se sert de la 3e pers. du pluriel. Pronoms et adjectif possessif de cette forme de politesse s'écrivent toujours avec majuscule pour éviter, justement, la confusion avec la véritable 3e personne du pluriel.

Là où le français a deux formes, le "tu" et le "vous", l'allemand en a donc trois : il a le "tu", et il fait la différence entre un "vous" pluriel de tutoiement, et le "vous" du vouvoiement.

Il est très important de bien se familiariser avec ce schéma avant de se rendre en Allemagne. Car la confusion entre le "vous" pluriel du tutoiement et le "vous" de politesse peut signifier soit une proximité un peu hâtive – disant *"ihr"*, on tutoie en effet toutes les personnes présentes – soit, ce qui est peut-être plus grave, une distance subite, une froideur hautaine qui tout à coup "refuse" un tutoiement pourtant déjà acquis et/ou proposé de bon cœur.

Au *salut !* français, au *ciao !* italien, au *bye !* anglais correspondent *tschüss !* ou *tschau !* en Allemagne, *servus !* en Autriche. Mais ce sont là des expressions assez amicales, voire familières, et pour prendre congé dans un contexte plus officiel, il vaut mieux dire : **"*Auf Wiedersehen !*"** : "Au revoir !".

Leib und Seele

Corps et âme

"Zwei Seelen wohnen, ach !
in meiner Brust."
                    GOETHE, Faust

EBURT

***die Geburt* : la naissance**
Ce substantif est formé à partir du verbe
gebären *(gebar, hat geboren)* : mettre au monde, d'une racine indo-européenne **bher* : porter (cf. l'angl. *to bear, bore, born*), que l'on retrouve encore dans certains mots comme *die Bahre* : le brancard ; *die Totenbahre* : la bière ; *der Zuber (zwi-bar)* : un baquet à deux anses, *der Eimer (ein-bar)* : le seau (à une seule anse), etc.

Qu'un Allemand dise *"ich wurde geboren"* est logique, car il s'agit effectivement de la voix passive que l'on pourrait rendre, en français, par l'expression : "je fus mis au monde", ou : "je fus porté à terme". *Ich bin geboren*, la formule "moderne", n'a, à bien l'écouter, pas de sens.

die Gebärmutter n'est pas, comme on pourrait le croire à la suite de cette étymologie, la mère porteuse, mais l'utérus. Pour la mère porteuse, on a donc dû inventer un nouveau mot, *die Leihmutter*, littéralement : la mère d'emprunt, la mère qui prête (son corps).

die Entbindung : l'accouchement, est formé du préfixe *ent-* : privatif et du verbe *binden* : lier, relier, nouer. La naissance est donc, du côté de la mère, un "déliement", une séparation, mais non pas dans le sens achevé d'une coupure : le suffixe *-ung*, nous l'avons vu, dit un processus, une chose en train de se faire. C'est d'ailleurs ce même suffixe qui distingue *die Bindung* : le lien intersubjectif, l'attachement, de *das Band* : le lien, le rapport, un mot qui, lui, nomme un état de fait, voire même un objet : le ruban. On est donc plus près du mot allemand si l'on traduit *die Entbindung* par : délivrance. Il n'y a pas si longtemps encore, on employait un autre mot, *die Niederkunft*, du verbe *niederkommen* : mettre bas, litt. venir bas, et on parlait de *Kindbett* : les couches, litt. le lit de l'enfant. D'où le terme *das Kindbettfieber*, cette fièvre puerpérale si longtemps fatale pour les mères.

Quant à l'avortement, l'allemand propose deux termes bien distincts : *die Fehlgeburt*, litt; la naissance manqué, donc un accident survenu au cours de la grossesse, et *die Abtreibung*, litt; le fait de faire partir, de détacher, d'expulser, un terme qui dit nettement, et assez violemment, l'intention de se débarasser de quelque chose. Aujourd'hui la langue allemande propose donc aussi, comme le français, un terme moralement plus neutre, *die Schwangerschaftsunterbrechung* : l'interruption de grossesse.

schwanger sein : être enceinte. Cet adjectif signifiait initialement : être lourd, chargé. Le terme est cependant réservé à l'être humain. Pour l'animal, il existe différents termes dont le plus courant est *trächtig sein*, un adjectif qui vient du verbe *tragen* : porter.

Notons, dans ce contexte, un dernier mot :

stillen : donner le sein à l'enfant, allaiter, mais littéralement : calmer, apaiser, faire taire – de l'adjectif *still* : silencieux, calme, tranquille. Le verbe *stillen* n'est cependant pas réservé aux expressions *ein Kind stillen* : allaiter un enfant, ou *die stillende Mutter* : la mère qui donne le sein. On dit également :

> *seinen Durst stillen* : étancher sa soif
> *seinen Hunger stillen* : apaiser / assouvir sa faim
> *ein schmerzstillendes Mittel* : un médicament contre la douleur
> *eine Sehnsucht / ein Verlangen stillen* : apaiser un désir, le satisfaire

 EBEN

***das Leben* : la vie**

Nous signalons ailleurs le lien étymologique, fort intéressant, entre *der Leib* : le corps, *das Leben* : la vie et *die Leber* : le foie (voir LEIB / KÖRPER).

La particularité du substantif *das Leben* que nous voulons faire remarquer ici est le fait qu'il s'agisse d'un infinitif substantivé : non pas "la vie" donc, non pas quelque contenant à remplir, ni un quelconque contenu fixé d'avance, mais : "le vivre". A prendre à la lettre ce statut de verbe – un infinitif étant un verbe en attente d'un sujet –, ce que "la vie" est ou aura été, celui qui la vit ne le saura jamais. Et même si l'Allemand lui-même n'est pas forcément conscient de ce sens que suggère le substantif *das Leben*, il peut, un jour ou l'autre, s'en rendre compte tout à coup et se réconcilier peut-être alors avec tel jugement hâtif d'une "vie gâchée", avec tel refus d'une "vie donnée", avec "la vraie vie" qui lui semble toujours différée. Il se rendra compte aussi, peut-être, que la traduction allemande du fameux dicton latin "non scolam sed vitam discimus", *"nicht für die Schule, sondern für das Leben lernen wir"*, n'a pas grand sens. "Nous n'apprenons pas pour l'école, mais pour la vie" semble dire en effet que la vie vient après l'école. Or, *das Leben*, vivre, a toujours déjà commencé...

Cette possibilité qu'a l'allemand – comme aussi l'italien par exemple – de substantiver l'infinitif d'un verbe, est d'ailleurs largement exploitée et donne des notions aussi courantes que

> *das Wissen* : le savoir, le fait de savoir
> *das Denken* : l'activité de penser (à la différence de *der Gedanke* : la pensée)
> *das Essen* : le repas, "le manger"
> *das Sterben* : la mort, "le mourir" (à la différence de *der Tod* : la mort)
> *das Können* : le savoir-faire
> *das Kommen und Gehen* : le va-et-vient
> etc.

N.B. On peut encore, à propos de *das Leben,* signaler deux "modulations" intéressantes. (Une modulation est une inversion des mots, mais pour dire la même chose, et il existe des modulations "obligatoires", dues aux différences de point de vue d'une langue à l'autre. *Die Schublade* : le tiroir, est un exemple classique : alors que l'Allemand pousse, donc ferme, le Français tire, donc ouvre...) L'Allemand dit :

> *sich das Leben nehmen* – litt. se prendre la vie –, là où le Français dit : se donner la mort, de même que l'Allemand parle de
> *Lebensgefahr* – litt. danger de/pour la vie –, quand le Français dit : danger de mort.

OD

der Tod : la mort

La langue allemande, pour dire la mort, mourir, tuer... puise comme le français dans deux racines différentes, mais distribue le sens autrement. En effet :

> *tot sein* : être mort ; *der Tote* : le mort ; *der Tod* : la mort ; *töten* : tuer ; mais mourir : *sterben,* un verbe qui vient de *starr werden* : devenir rigide, froid.

A l'origine, cependant, le verbe auquel correspond l'actuel *töten* voulait bien dire : mourir (cf. angl. *to die)*, et le substantif *der Tod* (angl. *death*) désignait l'homme, en tant qu'être mortel. D'où le genre masculin, d'ailleurs.

Ce qui, du point de vue de l'orthographe, pose problème aujourd'hui – y compris aux Allemands eux-mêmes parfois –, ce sont les formes composées dont le déterminant est tantôt *tot-,* tantôt *tod-*. Tel instituteur bien intentionné dira à l'enfant : quand cela ne bouge plus, c'est *tot,* quand c'est juste "comme mort", c'est *tod*. Mais cela n'est pas toujours évident :

> *sich totlachen* : mourir de rire
> *todmüde sein* : être mort de fatigue
> *das System hat sich totgelaufen* : le système s'est détruit lui-même
> *ein todkranker Mensch* : un homme à l'agonie
> *todsicher !* : sûr et certain !

Ajoutons *totschick* : extrêmement chic – mais là, c'est une autre histoire, puisqu'il s'agit d'un calque amusant du français "tout chic" (voir MOTS SANS FRONTIÈRES)

Indépendamment de ces considérations morphologiques, il semble important d'attirer l'attention sur le fait que "la mort" soit du genre masculin en allemand, car cela détermine, bien sûr, ses représentations : *der Tod*, c'est *der Sensenmann*, l'homme à la faux à qui nul n'échappe ; c'est encore le squelette ricanant qui nous rappelle que tout est vanité ici-bas. Il faut dire aussi que cette représentation change au cours de l'histoire et que la mort n'est pas toujours présentée sous un jour cruel ; ainsi, la mort telle que la voient les Romantiques n'est pas celle du Moyen Age, et les impressionnistes en parlent tout autrement que les auteurs baroques. Voici, par exemple, ce que dit JEAN PAUL (1763-1825) dans sa "Vie de Quintus Fixlein" : "L'ange de la dernière heure, celui que nous appelons si durement la Mort, c'est le plus tendre, le meilleur des anges, choisi pour cueillir, avec des gestes doux et délicats, le coeur humain qui s'étiole." Cette mort plutôt douce, c'est aussi "la mort lasse" – *"Der müde Tod"* – du film de Fritz LANG, lasse, en effet, de son rôle d'homme implacable alors qu'il sait et comprend, mieux que quiconque, la misère de la créature humaine. Et *der Tod*, c'est encore le séducteur de ce très beau Lied de SCHUBERT / CLAUDIUS, *"Der Tod und das Mädchen"*, véritable histoire d'amour, et intraduisible comme telle en français :

Das Mädchen : *Vorüber, ach, vorüber ! geh, wilder Knochenmann ! Ich bin noch jung, geh, Lieber ! und rühre mich nicht an.*
Der Tod : *Gib deine Hand, du schön und zart Gebild ! bin Freund und komme nicht zu strafen. Sei gutes Muts ! ich bin nicht wild, sollst sanft in meinen Armen schlafen !*

La jeune fille : Va, passe ton chemin, cruel squelette ! Je suis encore jeune, va, cher, et ne me touche pas !
La mort : Donne ta main, belle et tendre créature ! Je suis un ami et ne viens pas pour punir. Aie confiance ! je ne suis point cruel, tu vas dormir, doucement, dans mes bras.

Lotte EISNER, dans son livre "L'Écran démoniaque", cite CLEMENCEAU qui aurait dit : "Ce qui distingue le peuple allemand, c'est qu'il a le goût de la mort, tandis que les autres nations ont le goût de la vie." C'est aller un peu vite, peut-être. Mais il est vrai que la mort est très présente dans la pensée allemande et qu'elle est souvent ressentie non pas comme venant après la vie, mais étant en elle, dès le début. Comme par exemple pour RILKE :

O Herr, gib jedem seinen eignen Tod.
Das Sterben, das aus jenem Leben geht,
darin er Liebe hatte, Sinn und Not.
Denn wir sind nur die Schale und das Blatt.
Der große Tod, den jeder in sich hat,
das ist die Frucht, um die sich alles dreht.

Seigneur, donne à chacun sa propre mort. / La mort issue de cette vie / où il connut l'amour, trouva un sens, et la détresse. / Car nous ne sommes que l'écorce et la feuille. / La grande mort que chacun porte en soi / elle est le fruit, l'essence de toute chose.

Pourtant : la mort, étant du genre masculin en allemand, n'est pas spontanément mise en relation avec la Mère qui donne la vie *et* la mort – ou qui donne la mort parce qu'elle donne la vie –, comme nous le rappelle, par exemple, l'histoire d'Achille où c'est bien la mère qui, tenant le fils par le talon, le rend vulnérable à cet endroit, et donc mortel. Dans la mythologie allemande, Siegfried, pour être invulnérable, se baigne dans le sang d'un dragon qu'il vient de tuer. Et c'est une feuille de tilleul tombée entre ses omoplates qui va le rendre vulnérable, c'est là qu'il sera tué. Non pas – et c'est là une autre différence avec le mythe grec – par un adversaire digne de lui, mais lâchement, traîtreusement, dans le dos. Un "détail" qui dépasse, bien sûr, la simple question du genre d'un mot et de la représentation de la mort en tant que telle. Mais suivre cette trace mènerait trop loin, ici.

Citons plutôt, pour clore cette réflexion sur la mort au masculin, quelques autres notions "essentielles" où, entre le français et l'allemand, il y a différence de genre, et donc de représentation. Ainsi, "le soleil" est du féminin en allemand : *die Sonne*, chaude et maternelle comme la terre; "l'eau" est du neutre : *das Wasser*, transparente ou trouble, capricieuse ou menaçante, plus souvent hostile qu'amie ; "la lune" : *der Mond*, est du masculin ; et que dire, pour donner un dernier exemple, du fait que "le serpent" : *die Schlange*, soit du féminin en allemand ? La tentatrice était donc une "elle" ? Mais cela change tout !

 ESEN

das Wesen : l'être, l'essence

Comme en français, le substantif est formé à partir du verbe :

sein (war, ist gewesen) : être

Mais, à la différence de *das Leben*, la vie, ce n'est pas l'infinitif du verbe qui est substantivé, mais bien le radical du participe passé. Ce qui peut faire dire à HEGEL : *"Wesen ist, was gewesen ist."* : "L'être / l'essence est ce qui a été."

Mais si *das Wesen* est l'ayant-été, comment en est-on venu à dire *anwesend sein* : être présent, et *abwesend sein* : être absent ? Les deux notions font bien référence à une *Gegenwart*, à un présent, semble-t-il. Justement : le présent n'étant que cet étroit passage entre l'à-venir et le passé, tout est appelé à être ayant-été : c'est là que toute chose trouve sa durée, son être, son essence. Et c'est sans doute dans ce sens qu'il convient d'entendre la célèbre maxime d'Angelus SILESIUS, ce "messager silésien" du XVIIe siècle :

> *Mensch, werde wesentlich : denn wann die Welt vergeht,*
> *So fällt der Zufall weg ; das Wesen, das besteht.*
>
> Il te faut devenir essentiel : car lorsque l'ici-bas passe et meurt, / il n'est plus de hasard ; l'essence, elle, demeure.

Les quelques composés ou dérivés qui vont suivre donneront un aperçu de l'éventail sémantique de *das Wesen* :

das Lebewesen : l'être vivant
das liegt in seinem Wesen : c'est dans sa nature
einander wesensgleich ≠ wesensfremd sein : être de même nature ≠ de nature étrangère l'une à l'autre
er hat ein verträgliches Wesen : il a un caractère conciliant
verwesen : se décomposer, se putréfier
anwesend ≠ abwesend sein : être présent ≠ absent
wesentlich : essentiel, fondamental, important, substantiel

ICHT

nicht : ne pas

A la différence du français, la négation, en allemand, ne comporte qu'un seul élément. Mais il n'en fut pas toujours ainsi, et *nicht* venait d'abord simplement renforcer une première négation, *ne,* ou *ni*. Cette double négation survit dans les dialectes : *"des is ka Witz net !"* – *das ist kein Witz nicht –* : ce n'est pas une blague. On peut s'amuser à prendre à la lettre, en allemand, cette double négation, ce qui reviendrait à entendre : "c'est donc une blague", et donnerait raison à FREUD qui affirme que toute *Verneinung*, toute négation, est en fait dé-négation, donc affirmation.

La négation simple, en allemand, semble être un phénomène d'usure qui risque bien de se produire un jour en français aussi, si l'on en juge par la langue parlée où le "ne" est souvent avalé : "j'ai pas dit ça"...

Mais *nicht* à lui seul est encore fort intéressant : il s'agit en effet de la contraction de *ne/ni wiht* que l'on pourrait traduire par : non quelque chose. Il ne serait donc pas question de dire l'inexistence de quelque chose, mais sa non-présence, ou, si l'on préfère, sa présence niée.

Et quelle est cette chose ainsi niée dans *ne wiht* ? Un mot presque disparu, *wiht*, signifiant : "quelque chose", mais dont les anciens se servaient surtout pour désigner des êtres surnaturels qu'il était plus prudent de ne pas vraiment "nommer". La langue d'aujourd'hui emploie encore couramment :

ein kleiner Wicht : un petit bonhomme (se dit avec tendresse d'un enfant)
die Wichtelmänner : les bons esprits d'une maison, les lutins
der Bösewicht : le méchant

nichts : rien

fut d'abord un renforcement de *nicht* : "pas quelque chose de quelque chose", autrement dit : rien de rien. C'est d'ailleurs par le biais de cette traduction "rien" – du latin *res* : la chose – que nous retrouvons, en français aussi, l'ancienne affirmation, qui subsiste dans certaines expressions comme par exemple : "rester sans *rien* dire", c'est-à-dire rester sans dire *quelque chose*, sans dire un seul mot.

Une autre preuve de ce qu'une négation contient toujours aussi une affirmation nous est donnée par le préfixe

un- : en effet, alors qu'il s'agit la plupart du temps de nier quelque chose,

möglich : possible – *unmöglich* : impossible
deutlich : clair, précis – *undeutlich* : imprécis, flou
der Mensch : l'être humain – *der Unmensch* : le monstre
die Ruhe : le calme, la quiétude – *die Unruhe* : l'inquiétude, le trouble, etc.

il est des mots que le préfixe *un-* non seulement confirme, mais multiplie !

die Menge : la foule – *eine Unmenge* : une immense foule
die Zahl : le nombre – *eine Unzahl* : un nombre immense, innombrable
die Masse : la masse – *Unmassen* : des masses énormes

ENSCH / MANN

der Mensch : l'homme, l'être humain
der Mann : l'homme, le mari

Der Mensch désigne l'homme en sa qualité d'être humain, à la différence de l'animal ou de la plante. *Der Mann* : l'homme, l'époux, s'oppose à *die Frau* : la femme, l'épouse, ou encore à *das Kind* : l'enfant. Il est vrai qu'initialement, il n'y eut, en allemand aussi, qu'un seul terme pour les deux sens – un fait attesté par le pronom impersonnel *man* : on, ainsi que par *jemand* : quelqu'un, et *niemand* : ne personne. Aujourd'hui cependant, il s'agit de ne pas confondre :

männlich : *viril*
menschlich : humain

ainsi que, à l'intérieur des dérivés de *der Mensch* :

die Menschheit : l'humanité (ensemble des êtres humains)
die Menschlichkeit : l'humanité (le fait d'être humain, le contraire d'inhumain).

Signalons que *Mensch* existe également au neutre,
das Mensch, un mot dont il convient de se servir avec la plus grande prudence. En effet, alors que LUTHER pouvait encore appeler la Sainte Vierge *"das heilige edle Mensch"* : l'être noble et saint, que le jeune SCHILLER employait *das Mensch* pour *das Mädchen* – la jeune fille – sans connotation désobligeante, *das Mensch* est, aujourd'hui, presque une injure : c'est la femme de petite vertu, la traînée. Seuls quelques dialectes ont encore gardé le sens moralement neutre de femme non mariée, ou encore de servante, voire même, et toujours sans intention blessante aucune, d'épouse. Dans la langue standard, il vaut mieux choisir parmi les autres termes que la langue propose :

RAU / WEIB

die Frau : la femme, l'épouse, Madame...
das Weib : la femme, l'épouse

A l'époque des troubadours, *frowe* ou *vrowe* était la noble Dame, objet de l'amour courtois. Le mot vient d'un radical, *frô*, dont la forme masculine a disparu assez tôt de la langue (remplacé par *der Herr*, initialement la personne âgée, honorable, cf. lat. *senior*), ne laissant de traces que dans *Frondienst* : le service rendu au seigneur, la corvée, et *Fronleichnamsfest* : la Fête-Dieu. Il est possible que cette "victoire" du féminin fasse plaisir à quelques féministes qui peuvent voir là une consolation du triste sort advenu à *das Mensch*. Toujours est-il que *die Frau* occupe aujourd'hui la quasi totalité du territoire du féminin. C'est la femme, la femme mariée, l'épouse, et "Madame" précédant le nom : *Frau Müller, Frau Doktor Weber*. Certaines femmes non mariées ne se considérant plus comme des jeunes filles, exigent d'ailleurs qu'on les appelle *Frau*. Pourtant,

das Fräulein, la demoiselle, est bien un diminutif de *die Frau*, mais le mot n'a rien de dépréciatif, au contraire. Il signifiait longtemps : jeune fille de bonne famille, voire : noble demoiselle, comme en témoignent ces vers de GOETHE où Faust cherche à flatter Marguerite :

> Faust : *"Mein schönes Fräulein, darf ich wagen*
> *Meinen Arm und Geleit Ihr anzutragen ?"*
> Gretchen : *"Bin weder Fräulein, weder schön,*
> *Kann ungeleitet nach Hause gehn."*
>
> "Ma belle demoiselle, oserai-je / Vous offrir mon bras et ma conduite ?" /
> "Ne suis ni demoiselle ni belle / et peux (sais) rentrer seule à la maison."

das Weib, mot aujourd'hui moins employé et moins apprécié, vient d'un verbe qui signifiait : envelopper, voiler, et *das Weib* était bien d'abord la mariée, comme l'atteste encore l'angl. *wife*. Puis le terme désignait la femme, au sens biologique, qu'elle soit mariée ou non. On ne saurait dire quand ni pourquoi le mot a glissé dans la légèreté du *"Wein, Weib und Gesang"* : vin, femme et chanson (titre d'une valse de STRAUSS), et il semblerait que ni *das Weib*, ni *die Frau* ne soient à l'abri de tels glissements, si l'on en juge par le sens actuel de *das Weibsbild* : la bonne femme, la garce (alors que *das Mannsbild* se traduirait plutôt par : un sacré bonhomme), et *das Frauenzimmer*, à l'origine : l'ensemble des femmes, le gynécée, puis, encore chez FREUD : la femme, et aujourd'hui : la bonne femme, la bougresse, l'enquiquineuse. En revanche, rien n'est jamais venu ternir *"das ewig Weibliche"* (GOETHE) : l'éternel féminin, ni *die Weiblichkeit* : la féminité, et la langue doit bien avoir ses raisons...

das Mädchen : la jeune fille, est un diminutif de *die Magd* : la femme non mariée, puis, et aujourd'hui encore : la servante.

die Dame désigne une femme élégante, distinguée, et *Mamsell* plutôt une midinette. Quant aux mots distingués pour l'époux et l'épouse : *der Gemahl / die Gemahlin*, disons simplement que les termes viennent de la cérémonie où les époux, publiquement, "se donnent leur parole", prêtent serment.

 EIB / KÖRPER

***der Leib* : le corps, le tronc, le ventre**
***der Körper* : le corps**

Si l'on tient à faire une différence sémantique entre les deux termes, on peut dire, en schématisant un peu, que *der Leib* signifie "le corps" en tant qu'il s'oppose à l'âme, alors que *der Körper* est une notion plus conceptuelle, est "le corps" par opposition à l'esprit.

Der Leib est le terme plus ancien et le mot est intéressant par son origine commune avec *das Leben* : la vie (cf. angl. *life*). *Der Leib* est donc le corps vivant, la chair, ce qui est *am Leben* : en vie. Que *die Leber* : le foie, appartienne à la même famille s'explique par le fait qu'avant de découvrir comment fonctionne la circulation sanguine, on supposait le foie producteur du sang et donc, avec le coeur, source de la vie. *"Und gebenedeit ist die Frucht deines Leibes, Jesu."* : "Et Jésus, le fruit de tes entrailles est béni", dit la prière.

Der Leib, bien qu'un peu démodé pour dire "le corps" dans la langue courante d'aujourd'hui, se rencontre néanmoins dans nombre d'expressions et de composés "figés" – ce qui veut dire qu'il ne saurait être question de substituer *Körper* à *Leib*, même sous prétexte d'une nuance sémantique intentionnelle :

> *(mit) Leib und Seele* : corps et âme
> *der Mutterleib* : le ventre de la mère
> *sein leibliches Kind* : son propre enfant
> *der Leibarzt* : le médecin personnel (d'un roi p. ex.)
> *die Leibgarde* : la garde du corps
> *der Leibeigene* : le serf
> *der Unterleib* : le bas-ventre
> *sich etwas einverleiben* : manger, ingurgiter quelque chose
> *der Leibhaftige* : le diable (en personne)
> *er hat den Teufel im Leib* : il a le diable au corps
> *aus Leibeskräften schreien* : crier de toutes ses forces
> *sich jemanden vom Leib halten* : tenir quelqu'un à distance (pr. et fig.)
> *für das leibliche Wohl sorgen* : prendre soin du bien-être physique
> *meine Leibspeise* : mon plat favori

Der Körper – du lat. *corpus* – donne bien sûr également lieu à une série de formations dérivées, dont voici quelques unes :

> *körperliche und geistige Fähigkeiten* : capacités physiques et intellectuelles
> *die Körperschaft* : la corporation
> *verkörpern* : représenter, personnifier
> *der Körperbehinderte* : l'handicapé physique
> *die Körperpflege* : l'hygiène du corps
> *der Fremdkörper* : le corps étranger

Leib et *Körper* ne sont donc pas de simples synonymes, et l'emploi de l'un ou de l'autre terme dépend du contexte. Comme c'est le cas pour :

AUPT / KOPF

das Haupt : la tête

Ce mot, qui vient du latin *caput*, (comme le frç. *chef, capital, chapitre*) a été, dans la langue courante, largement remplacé par *der Kopf*. Toutefois, en dehors de son emploi poétique (il est impensable de dire *Kopf* en parlant de la tête du Christ, par exemple – *"und neigte das Haupt und verschied"* : "il inclina la tête et remit son esprit"), nous rencontrons *das Haupt* dans de nombreux mots composés de la langue courante :

> *die Hauptstadt* : la capitale
> *das Hauptwerk* : le chef-d'oeuvre
> *die Hauptsache* : la chose principale

mais aussi dans les dérivés tels que :

> *der Häuptling* : le chef de tribu
> *die Haube* : le bonnet

ainsi que dans des expressions dialectales (Autriche)

> *Krauthappel* pour l'allemand standard *Krautkopf* : la tête de chou
> *Häuptlsalat* pour l'allemand standard *Kopfsalat* : la laitue pommée

der Kopf : la tête

est un mot qui semble bien plus directement venir du latin *caput*. Il désignait tout d'abord un récipient dans lequel on buvait et qui n'était autre que – le crâne ! Les mots : frç. *la coupe*, angl. *cup*, ital. *coppa* témoignent d'ailleurs de cette première utilisation de la tête humaine. Depuis, le champ sémantique du terme s'est tout de même quelque peu élargi :

> *der Dummkopf / der Schwachkopf* : l'imbécile, le benêt (*dumm* : bête ; *schwach* : faible)
> *das hat weder Kopf noch Fuß* : cela n'a ni queue ("pied") ni tête
> *Kopfschmerzen* : maux de tête
> *kopfüber / Hals über Kopf* : la tête la première
> *mit dem Kopf durch die Wand wollen* : être têtu (vouloir passer la tête à travers le mur)
> *dickköpfig / starrköpfig sein* : être buté, têtu (*dick* : épais ; *starr* : rigide)
> *ein kluger Kopf* : un être intelligent, "une tête"
> *Köpfchen haben* : être futé, rusé, comprendre vite (et non pas : avoir une petite tête !)

Pour ce qui est du "fameux" mot allemand

kaputt : détruit, cassé, inutilisable, le lien avec le latin *caput* est moins perceptible. Pourtant : il s'agissait d'abord de désigner la proue d'un bateau et le mot était un emprunt du verbe français "capoter". Mais pendant la guerre de Trente Ans, l'expression *kaputt machen* devint, dans la bouche des mercenaires, une manière cruelle de dire, dans un premier temps : voler, dépouiller quelqu'un, puis : tuer, achever, "zigouiller" quelqu'un. Ce qui a donné, par extension – mais ne s'appliquant plus qu'à des objets : détruire, casser, rendre inutilisable.

Il semblerait que ces mercenaires se soient inspirés des expressions françaises : "faire capot" et "il est capot", utilisées à l'occasion d'un jeu appelé "piquet", et voulant dire que l'on avait perdu, que l'on était ruiné. Ce jeu de cartes était effectivement très en vogue au XVIIe siècle, donc à l'époque de la guerre de Trente Ans.

Il existe, à côté de telles bifurcations phonétiques et sémantiques à partir d'une même origine – ici latine –, un autre phénomène, dont je voudrais donner un exemple : le "changement" du sens d'un mot en son contraire :

IFT / GABE

das Gift : **le poison**
die Gabe : **le don**

Les deux mots viennent du verbe
geben (er gibt, gab, hat gegeben) : donner.

Or, initialement, le féminin *die Gift* signifiait : le don, le cadeau, comme l'attestent encore aujourd'hui le composé *die Mitgift* : la dote, ce que l'on *mit/gibt* ("donne avec" la mariée), et le mot anglais *gift*, le cadeau.

Il doit y avoir, dans ce passage de *die Gift* à *das Gift* du cadeau empoisonné quelque part, mais à quoi est dû exactement ce changement de sens, on ne saurait le dire avec précision. Il est probable que *die Gift* avait les deux sens, comme c'est aussi le cas pour le vocable grec *pharmakon* qui veut dire à la fois "le poison" et "le remède" et qui nous rappelle que tout est une question de dosage : excès de bien, nuit. La langue française, d'ailleurs, peut fournir un exemple analogue : "la potion" et "le poison" viennent en effet tous deux du même mot latin, *potio* : le breuvage. Si, donc, nous avons le sentiment que quelqu'un nous empoisonne l'existence, soyons indulgents : il ne nous veut peut-être que trop de bien...

Ceci dit, qu'un mot puisse signifier en même temps son contraire n'est pas si exceptionnel que cela. Ainsi, en latin, *altus* signifie à la fois haut et profond, de même que *sacer* veut dire sacré et damné, mais dans le cas de *Gift*, il y a eu disparition du double sens, et répartition des tâches en quelque sorte sur deux mots distincts : *die Gabe* pour le don, *das Gift* pour le poison.

> *begabt sein* : être doué
> *die künstlerische Begabung* : le don artistique
> *die Leihgabe* : le prêt (litt. le don prêté)
> *jemanden vergiften* : empoisonner quelqu'un
> *ein giftiger Pilz* : un champignon vénéneux
> *Gift und Galle speien* : cracher son venin (sa bile, son fiel)
> *der Giftbecher* : la coupe de poison, la ciguë
> *darauf könnte ich Gift nehmen* : j'en mettrais ma main au feu (litt. je prendrais du poison)

 NGST / FURCHT

die Angst : **l'angoisse, la peur**

Bien que dans la langue courante, le mot *die Angst* soit souvent employé indifféremment pour l'angoisse (un sentiment d'oppression apparemment infondé) et la peur (l'appréhension de quelque chose de précis, de nommable), et que la parenté de *Angst* avec l'adjectif *eng* : étroit, étriqué, et avec *bang* : inquiet, oppressé, ne soit pas forcément perçue, c'est bien un sentiment d'oppression que le mot évoque en premier lieu. *Die Angst,* cela se passe du côté de la poitrine, c'est une affaire de respiration, c'est, comme le mot "angoisse" (même origine latine, *angustia* : étroitesse, lieu resserré) une gêne physique très précise en même temps qu'indéfinie. *"Mir ist angst und bange"* le dit bien : on répète le mot, on dit par un pléonasme – l'indicible justement.

Que l'angoisse soit cette "crainte d'un deuil qui a déjà eu lieu" (BARTHES), qu'elle soit une inquiétude métaphysique surgissant de toute réflexion sur l'existence (KIRKEGAARD) ou encore, "notre profondeur sans laquelle il n'y a pas de vie" (Max FRISCH), le mot, à le prendre à la lettre, semble bien avoir quelque rapport avec la mort.

Pourtant : non seulement *Angst* désignait longtemps une douleur précise, physique – *Kopfangst* : mal de tête ; *Bauchangst* : mal au ventre –, mais l'expression *"Angst haben vor etwas / jemandem"* : avoir peur de quelque chose ou de quelqu'un, semble nier le fait que *die Angst* soit un sentiment de peur sans "objet" précis.

On peut cependant s'arrêter un peu à l'expression *Angst haben vor...* et entendre l'ambiguïté de la préposition *"vor"* qui veut aussi bien dire "devant" qu'"avant" : l'angoisse est donc un sentiment d'oppression dont on est saisi face à quelque chose ou à quelqu'un :

seine Angst vor dem Vater : la peur qu'il a de son père,

mais c'est aussi une appréhension, une inquiétude à l'idée ou à l'approche de quelque chose :

die Angst vor der Prüfung / dem Leben / dem Tod : la peur de l'examen / de la vie / de la mort.

Quant à l'ambiguïté que peut créer la langue française en jouant sur la double fonction de "de", le traducteur allemand ne peut pas la conserver, il lui faut trancher :
la peur des Allemands : die Angst der Deutschen / die Angst vor den Deutschen

Notons encore quelques composés et dérivés du mot *Angst* :

ängstlich sein : être craintif, peureux
die Platzangst : l'agoraphobie
die Todesangst : l'angoisse devant la mort
ein Angsthase : un poltron, "une poule mouillée", litt. un lapin peureux
sich ängstigen : se faire des soucis, être inquiet
eine übertriebene Ängstlichkeit : une timidité / anxiété exagérée

die Furcht : la peur, la crainte
jemanden fürchten : redouter, craindre quelqu'un
sich fürchten vor : avoir peur de
Die Furcht est un concept plus précis, plus ponctuel, plus violent aussi que *die Angst*. Il s'agit d'une frayeur subite (cf. angl. *fright, to frighten*) plutôt que d'une angoisse sourde. En allemand, le terme contient aussi le fait d'être saisi, immobilisé, dans le sens de "stupeur". L'Allemand parle de *Todesangst*, d'angoisse devant la mort, mais de *Gottesfurcht,* de la crainte de Dieu, et l'on ne saurait, comme pour la plupart des composés d'ailleurs, interchanger les "synonymes".

Gottesfurcht nous conduit à un autre composé de *Furcht*, fort intéressant :
die Ehrfurcht : le respect, l'estime. Le mot se compose de *die Ehre* : l'honneur, mais antérieurement : la grâce, le don sacré (gr. *hieros*), et de *die Furcht* : la crainte, la peur.

Il s'agit là d'un de ces mots composés allemands où déterminant et déterminé se disputent la préséance pour ainsi dire à chaque emploi. Qui l'emporte ? L'honoration ou la crainte ? C'est le contexte qui décide. Toutefois : *die Ehrfurcht* étant une attitude de distance respectueuse, voire même de crainte devant ce qui représente une grandeur quasi sacrée, l'idée de réciprocité est difficilement concevable. C'est peut-être la raison pour laquelle le mot d'emprunt
der Respekt – *jemanden respektieren, respektvoll ≠ respektlos*, etc. – est beaucoup plus couramment employé aujourd'hui. *Der Respekt* permet en effet une appréciation réciproque qui, si l'on en croit l'origine latine

(*respectus* : regard en arrière) n'est pas affaire de rang ou d'hiérarchie, mais de considération de l'ensemble des faits et gestes de la personne en question – que l'on respecte, ou non...

OT

***die Not* : le besoin, la détresse, le dénuement, l'urgence ...**
C'est un mot merveilleusement – et redoutablement – polysémique dont seul le contexte peut faire apparaître la nuance, l'insistance sur tel ou tel aspect du mot. Et le traducteur, toujours, devra accepter une perte. Car contrairement à d'autres mots polysémiques, où les sens différents apparaissent plus nettement distincts dans tel ou tel contexte, pour *die Not*, ce n'est jamais tranché. Le mot, toujours, fait résonner ses harmoniques qui vont du plus profondément subjectif au plus généralement et inexorablement humain.

Pour un Allemand, le mot *Not* évoque presque automatiquement le vers célèbre d'un cantique de LUTHER / BACH : *"Aus tiefer Not schrei ich zu Dir / Herr Gott, erhör mein Rufen..."*, "Du fond de ma détresse je crie vers toi, / Seigneur, entends mon appel..."

Peut-être est-ce LUTHER, justement, qui a élargi et creusé les sens de ce mot, puisque chez lui, l'homme ne saurait être que perdu, implorant, démuni face à ce Dieu devenu, après l'éviction de tous les intermédiaires, son interlocuteur direct – et effrayant. Il faudrait lire ce cantique dans son intégralité pour avoir une idée de ce qu'est cette *Not*, chez LUTHER.

Avant de signifier la détresse existentielle de la créature humaine, *die Not* exprimait d'abord la fatigue, l'épuisement, la douleur (*Kopfnot* : mal de tête), puis ce sens s'est étendu aux conditions matérielles d'existence : nécessité, pénurie, misère, dénuement, besoin (cf. angl. *to need*).

Étant donné la richesse sémantique du mot, les expressions, composés et dérivés sont très nombreux. En voici quelques-uns :

> *sich in einer Notlage befinden* : être dans le besoin
> *den Notstand ausrufen* : proclamer l'état d'urgence
> *der Notausgang* : la sortie de secours
> *die Notlandung* : l'atterrissage forcé
> *die Nottaufe* : l'ondoiement, le baptême d'urgence

die Notwehr : la légitime défense
die Hungersnot : la famine
die Seenot : la détresse ; *der Seenotruf* : l'appel de détresse – SOS – en mer
sich in Not befinden : être en péril
nötig : utile, nécessaire
jemanden nötigen, etwas zu tun : contraindre quelqu'un à faire quelque chose

Arrêtons-nous un instant à l'un de ces composés, l'adjectif **notwendig** : nécessaire, indispensable, inévitable.

Littéralement, ce mot veut dire : *die Not abwenden*, c'est-à-dire écarter le malheur, ou bien encore *die Not wenden* : retourner le malheur, faire en sorte qu'une situation – dangereuse ou insupportable – opère un retour sur elle-même et devienne "bonne" (*sich zum Guten wenden* : bien tourner, finir bien).

Il faudrait, pour faire revivre le sens véritable du mot, l'orthographier *not-wendig* (ce qui est toujours possible), car dans son emploi courant, personne ne s'offusque d'entendre dire *"das ist ein notwendiges Übel"* : c'est un mal nécessaire. Pourtant, littéralement, l'expression signifie : c'est un mal qui nous sauve du mal, ou encore : un mal qui détourne le malheur. Une sorte de moindre mal, donc

die Notwendigkeit est généralement traduit par : la nécessité. Ce qui est, certes, exact, à condition d'entendre le terme français au sens "actif" – faire de sorte que quelque chose change – et dans toutes ses nuances d'obligation, de besoin, d'urgence, d'exigence, d'inéluctable, d'indispensable etc.

Il faut bien dire que peu d'Allemands "entendent" le verbe *wenden* : retourner, inverser, quand ils prononcent *notwendig* ou *Notwendigkeit* au cours d'une conversation. Mais si un jour ils le "découvrent", s'ils l'entendent et libèrent ainsi le mot de son sens figé et réduit, leur oreille se fera plus attentive, plus curieuse, et ils entendront aussi d'autres mots comme pour la première fois, par exemple :

auswendig : *etwas auswendig können / lernen* : savoir / apprendre quelque chose par coeur.

Car *auswendig* veut dire aussi : extérieur, de l'extérieur, par opposition à *inwendig* : à l'intérieur, au-dedans. Ce qui signifierait donc que, contrairement à ce que suggère l'expression française, ce que l'on sait "par coeur", on ne le "sait" pas vraiment. On reste à la surface des mots, on emprunte, et rien ne garantit que l'on ait appris, intégré, fait sien quoi que ce soit...

EELE

die Seele : l'âme

Ce très beau mot allemand, *die Seele*, phonétiquement un véritable "souffle", semble tellement dire une entité première que l'on est loin d'imaginer qu'il puisse être dérivé de quoi que ce soit !

Or, c'est pourtant le cas : *die Seele* vient de *der See* : le lac. L'explication en est qu'autrefois, dans les pays germaniques, certains lacs étaient considérés comme le lieu où séjournaient les êtres avant la naissance et après la mort. L'adjonction d'un *-lo*, devenu *-le*, voulant dire : qui vient de..., qui fait partie de...

L'Allemand, bien sûr, à moins d'avoir découvert cette origine par hasard, ne pense plus du tout à un lac ni à une eau quelconque quand il pense ou prononce le mot *Seele*. En revanche, il lui vient sans doute aussitôt à l'esprit – ou à l'oreille – des expressions – *Leib und Seele ; ein Herz und eine Seele* – ou des citations telles que cette "plainte" romantique : *"Zwei Seelen wohnen, ach, in meiner Brust !"* : "Deux âmes, hélas, habitent ma poitrine !"

Une remarque, à ce propos : les Allemands connaissent énormément de "citations" et s'en servent à tout bout de champ, sans ostentation ni préciosité aucune, le plus souvent d'ailleurs sans en connaître l'auteur ou l'origine, sans faire toujours la différence entre une citation et un dicton. C'est une tout autre attitude envers les oeuvres célèbres qu'en France, semble-t-il, et l'on peut vraiment parler là d'une *Volkskultur* : d'une culture populaire, dans le sens d'une culture appartenant à tous.

Pour ce qui est de la citation donnée plus haut, elle se trouve dans le *"Faust"* de GOETHE. Voici le passage où Faust répond à l'éternel élève Wagner qui vient d'exalter les joies exclusives de l'esprit :

> *"Du bist dir nur des einen Triebs bewußt,*
> *O lerne nie den andern kennen !*
> *Zwei Seelen wohnen, ach ! in meiner Brust,*
> *Die eine will sich von der andern trennen :*
> *Die eine hält, in derber Liebeslust,*
> *Sich an die Welt mit klammernden Organen ;*
> *Die andre hebt gewaltsam sich vom Dust*
> *Zu den Gefilden hoher Ahnen. (...)"*

"Oui, tu ne sens en toi que cette seule pulsion, / Ah ! puisses-tu ne jamais connaître l'autre ! / Deux âmes, hélas ! habitent ma poitrine, / Chacune aspire à se détacher de l'autre : / L'une, en un élan de triviale passion, / S'accroche à ce monde par tous ses organes ; / L'autre, violemment, s'arrache à la poussière / Pour s'élever jusqu'aux jardins élyséens de sublimes aïeux."

Contrairement à ce que l'on pourrait penser spontanément,
selig : bienheureux, n'est pas apparenté à *Seele*. Pourtant, les écoliers allemands – ils ne sont sans doute pas les seuls – le pensent et écrivent *"seelig"*. Et ce n'est pas sans logique : d'une part, le "*e*" de *selig* est particulièrement long, et d'autre part, cela semble faire partie du même "domaine" – *meine selige Mutter* : ma mère, Dieu ait son âme ; *selig die Armen im Geiste, denn ihrer ist das Himmelreich* : bienheureux les pauvres d'esprit car le royaume de Dieu leur appartient.

Mais *selig* veut aussi dire, à travers les âges et surtout les pays : serein, heureux, bon, pieux, doux, voire : simple d'esprit (angl. *silly*) – donc peut-être véritablement : bienheureux.

N.B. Encore une confusion à éviter : le suffixe d'adjectif – *selig*, comme dans *mühselig* : pénible, ou *trübselig* : mélancolique, chagrin, vient du suffixe nominal *-sal*. Ainsi, du verbe *trüben* : troubler, brouiller, ternir, s'est formé le substantif *Trübsal* : affliction, chagrin, misère, et puis l'adjectif *trübselig*.

EMÜT

das Gemüt **: l'âme, le cœur, les sentiments**
Ce mot est un collectif et signifie, à ce titre, l'ensemble des dispositions et forces psychiques et affectives. Ainsi, dans le lied de HEINE / MENDELSSOHN intitulé *"Gruß"* :

Leise zieht durch mein Gemüt
Liebliches Geläute...

où *mein Gemüt* peut se traduire aussi bien par "mon âme" que par "mon cœur" ou "mon esprit". Ce n'est que plus tard que l'on a formé le pluriel, *die Gemüter* : les esprits, dans une acception que pourrait illustrer l'expression *die Gemüter haben sich ein wenig erhitzt* : les esprits se sont quelque peu échauffés.

Le mot de base de *das Gemüt* est
der Mut : le courage, dans le sens de force de pensée, de volonté, de décision, mais *der Mut* signifiait à l'origine une certaine intensité sensuelle et émotive (cf. angl. *mood*). Ce qui explique les composés :

    der Hochmut : l'arrogance   *hochmütig* : hautain, arrogant
    der Kleinmut : la pusillanimité   *kleinmütig* : peureux, pusillanime
    der Übermut : l'exubérance   *übermütig* : pétulant, exubérant

De ces premiers sens dérivent d'ailleurs deux termes, aujourd'hui apparemment bien éloignés de *der Mut*, le courage :

sich mühen : faire un effort, se donner du mal – *die Mühe* : la peine

müde sein : être fatigué – c'est-à-dire s'être donné du mal, être à bout de forces.

C'est l'adjectif disparu *gemut* – survivant dans *wohlgemut* : gai, joyeux, de bonne humeur – qui a donné ensuite le collectif *das Gemüt* – avec des composés tels que

    ein Gemütsmensch : un être sensible, un homme de coeur
    die Gemütskrankheit : la maladie psychique
    der Gemütszustand : l'état d'âme, la disposition d'esprit, l'humeur

Il peut paraître curieux que certains composés de *der Mut* soient du genre féminin. Sans pouvoir "expliquer" la chose, on peut observer qu'à chaque fois, il s'agit d'un adjectif à partir duquel a été re-formé un substantif :

    schwermütig : sombre, triste   *die Schwermut* : la tristesse, la mélancolie
    langmütig : patient   *die Langmut* : la patience, l'indulgence
    wehmütig : mélancolique   *die Wehmut* : la mélancolie

Parlant de *Gemüt*, on ne saurait évidemment oublier ces termes si spécifiquement allemands, exprimant à eux seul un véritable art de vivre :
die Gemütlichkeit : le confort, le bien-être, l'intimité
gemütlich : agréable, confortable, intime, calme, douillet...
L'adjectif peut s'employer pour un être, un intérieur, une ambiance, et chacun a sans doute sa manière à lui de trouver telle ou telle chose agréable, ou plus exactement – et plus intimement – : *gemütlich*.

ein gemütlicher Mensch : un homme calme, affable, de commerce agréable
ein gemütlicher Abend : une soirée sans éclats, paisible, agréable, "sympa"
ein gemütliches Zimmer : une pièce accueillante, au confort simple et feutré
ein gemütlicher Spaziergang : une flânerie, une promenade sans but ni hâte

Ce qui montre bien que les Allemands sont loin de ne connaître que la rigueur et la discipline. Le climat un peu rude, les longs mois d'hiver, ont de tout temps donné une importance particulière à un intérieur douillet et chaleureux, ont fait apprécier de tout temps les moments de vraie détente, où l'on sait prendre toutes ses aises, et tout son temps.

EHNSUCHT

***die Sehnsucht* : la nostalgie, la langueur, l'aspiration...**

Encore un mot "très allemand" pour lequel on ne saurait proposer une traduction terme-à-terme sans perdre l'essentiel : ses harmoniques, son timbre, sa "buée" si je puis dire. (A voir ce que l'on perd à simplement "nommer", et à plus forte raison à traduire une idée ou un sentiment, on peut penser à l'image de cette pellicule mate qui recouvre les airelles tant qu'on n'y a pas touché et qui – à moins de prendre un soin particulier – s'entache ou disparaît dès qu'on les cueille : le fruit devient brillant, perd sa couleur bleu-velours, sa rondeur dodue, bref, il semble déjà consommé...) Pour approcher tout de même la signification – toujours subjective et mouvante – du mot *Sehnsucht,* donc, disons d'abord qu'il est un composé de :

sich sehnen nach : tendre vers, se languir de, aspirer à, désirer, et de :

die Sucht : la manie, la passion, le besoin impératif. Un mot qui n'a rien à voir avec *suchen* : chercher, mais qui vient de *siechen, siech sein* : être malade, mourant – *er siecht dahin* : il se meurt ; *die Schwindsucht* : la phtisie. Aujourd'hui, *die Sucht* signifie couramment : la manie, le besoin pathologique, voire même le vice – ainsi *die Streitsucht* : la manie de se quereller, *die Drogensucht* : la toxicomanie, *die Habsucht* : la cupidité.

On voit que de connaître le sens de ses éléments ne rend guère plus aisée – une fois n'est pas coutume – ni la traduction ni l'appréhension du sens de cette *Sehnsucht* qui semble contenir toute la douceur douloureuse de l'âme allemande, âme romantique s'il en est... *Die Sehnsucht* dit une in-quiétude, une in-satisfaction, le désir d'un ailleurs dans le temps et dans l'espace –

qu'expriment d'ailleurs aussi des mots tels que *Fernweh, Heimweh, Weltschmerz.*

"Nur wer die Sehnsucht kennt, weiß, was ich leide" chante Mignon (GOETHE / SCHUBERT) : "Seul celui qui connaît la nostalgie sait ma souffrance..." Et pourtant : *die Sehnsucht* ne serait-elle pas, en fait, le désir de ne jamais aboutir, le désir de ne jamais cesser de désirer ?

L'inconvénient de la traduction traditionnelle, "nostalgie", est qu'elle semble dire prioritairement un désir de retourner vers un passé, vers une sorte de paradis perdu, alors que *die Sehnsucht* dit aussi un mouvement vers un à-venir et un ailleurs. Dans l'expression *die Sehnsucht nach...*, la nostalgie de..., la préposition *"nach"* dit nettement le mouvement "vers" quelque chose ou quelqu'un. C'est sans doute cette nuance d'une tension vers quelque chose – à la fois à venir et jamais atteint – qui a amené de récents traducteurs de FREUD à proposer la traduction de "désirance".

NOVALIS (1772-1802) est peut-être, parmi les poètes allemands, celui qui nous fait le plus intensément ressentir cette *Sehnsucht*. Un passage-clé de son roman *"Heinrich von Ofterdingen"* est le fameux rêve de **"la fleur bleue"**, devenue symbole de l'idéal romantique : désirée, mais inaccessible et insaisissable – nécessairement.

> *"...Was ihn aber mit aller Macht anzog, war eine hohe, lichtblaue Blume, die zunächst an der Quelle stand, und ihn mit ihren breiten, glänzenden Blättern berührte. Rund um sie standen unzählige Blumen von allen Farben, und der köstliche Geruch erfüllte die Luft. Er sah nichts als die blaue Blume und betrachtete sie lange mit unnennbarer Zärtlichkeit.*
>
> *Endlich wollte er sich ihr nähern, als sie auf einmal sich zu bewegen und zu verändern anfing. Die Blätter wurden glänzender und schmiegten sich an den wachsenden Stengel ; die Blume neigte sich nach ihm zu, und die Blütenblätter zeigten einen blauen ausgebreiteten Kragen, in welchem ein zartes Gesicht schwebte. Sein süßes Staunen wuchs mit der sonderbaren Verwandlung, als ihn plötzlich die Stimme seiner Mutter weckte, und er sich in der elterlichen Stube fand, die schon die Morgensonne vergoldete."* (Heinrich von Ofterdingen)

"...Ce qui, cependant, l'attirait de toutes ses forces, était une fleur bleue à tige haute qui se tenait en bordure de la source et le frôla de ses feuilles larges, brillantes. Elle était entourée d'innombrables fleurs de toutes les couleurs et l'air était gorgé de leur parfum délicieux. Mais lui ne vit que cette seule fleur bleue et la contempla longuement, avec une tendresse indicible. Il s'apprêtait enfin à s'en approcher, quand elle se mit à bouger, à se transformer. Les feuilles, plus brillantes maintenant, enveloppèrent doucement la tige qui s'allongea ; la fleur se pencha vers lui, et les pétales s'ouvrirent en une large collerette bleue où apparut un visage diaphane. A mesure que s'accomplissait cette étrange métamorphose, son étonnement se fit de plus en plus grand, de plus en plus doux, quand soudain la voix de sa mère l'éveilla et qu'il se retrouva au foyer de ses parents, tout empli déjà de la lumière dorée du soleil matinal."

Mais rêve et nostalgie ne sont pas toujours désir d'amour. Ils sont aussi désir de cet in-fini qui fait de la nuit l'amie ineffable et mystérieuse, où *die Sehnsucht* devient aspiration à la mort : une mort désirée non pas comme une fin, mais comme le retour vers une harmonie perdue. *"Wir müssen nach der Heimat gehn"* dit NOVALIS dans une de ses "Hymnes à la Nuit" : "Il nous faut aller chez nous / en nous / vers notre lieu de naissance..." Cette *Todessehnsucht* que le poète exalte est bien ce que nous appelons aussi "le rêve (romantique) de l'âge d'or".

Le caractère irrépressible, à mi-chemin entre la douceur et la maladie, que donne -*sucht* à *Sehnsucht*, nous le retrouvons dans un autre terme, désignant un autre sentiment très "humain" :

die Eifersucht : la jalousie
eifersüchtig sein : être jaloux

A première vue, il s'agit d'un composé de *der Eifer* : le zèle, et de : *die Sucht* : la manie, la passion, ce qui n'aide pas beaucoup à la compréhension de l'ensemble. En fait, le mot est assez récent : LUTHER emploie *Eifer (Eyfer)* très fréquemment et lui donne le sens de : envie, haine, jalousie, mais aussi de : sérieux et de zèle, signification à laquelle le mot s'est ensuite réduit. Ce qui rendait nécessaire, plus tard, de créer *Eifersucht* pour dire cette passion, cette "maladie" qu'est la jalousie. Un dicton qui joue habilement sur les mots, le dit bien : *"Die Eifersucht ist eine Leidenschaft, die mit Eifer sucht, was Leiden schafft."* : "La jalousie est une passion qui recherche avec ardeur / zèle ce qui procure des souffrances."

Ce dicton nous permet de voir que pour exprimer "la passion", le fait d'être passionné, la langue allemande emploie le mot

die Leidenschaft. Un terme qui dit, certes, l'ardeur et l'enthousiasme, mais le verbe de base

leiden (litt, gelitten) : souffrir, est trop présent pour que l'on puisse ne pas entendre, à simplement prononcer le mot, ce que la passion a ou peut avoir de douloureux. Là encore, un dicton populaire gentiment ironique propose une "définition" :

"Die Leidenschaft ist eine Lust, die Leiden schafft." – "La passion est un plaisir qui procure des souffrances."

 HRGEIZ

***der Ehrgeiz* : l'ambition**

Un composé qui, bien que désignant une qualité, voire une vertu, "sonne" plutôt négativement. *Der Geiz* : l'avarice, évoque en effet plutôt quelque chose de crispé, de grippe-sou, d'acharné. C'est LUTHER qui traduit le latin *ambitiosus* par *ehrgeitzig* et forme le substantif *Ehrgeitzigkeit* dont *Ehrgeiz* est une *"Rückbildung"*, une forme "régressive".

Si l'on prend le sens actuel des deux composants du mot : *die Ehre* : l'honneur, et *der Geiz* : l'avarice, on est un peu perplexe. C'est que *geizig sein*, avant de signifier "être avare", c'est-à-dire peu enclin à dépenser, signifiait "être avide", et s'apparentait à *die Habsucht, die Gier* : l'avidité, la rapacité. Et c'est bien le sens que *der Ehrgeiz* conserve quelque part : cette ambition-là n'est pas l'attitude conquérante, impatiente et joyeusement dynamique d'un batteur. *Ehrgeiz* évoque plutôt une certaine avidité, en effet, un acharnement qui, à force, conduit à une attitude crispée, à un manque d'envergure, voire même de loyauté.

Mais les Allemands sont ambitieux, dira-t-on. Comment se débrouillent-ils pour dire ce que l'ambition a aussi de positif, de noble ? Ils ont en effet un autre mot :

die Tüchtigkeit : l'efficacité, les aptitudes, et

tüchtig sein : avoir de la valeur, être capable, travailleur, fiable, efficace, méritant, etc.

Ces mots sont de la famille du verbe *taugen* : valoir, convenir, être capable, et du substantif *die Tugend* : la vertu. Ainsi, *die Tüchtigkeit* est, bien plus que *der Ehrgeiz*, une de ces qualités dont les Allemands ont raison d'être fiers : *die Tüchtigkeit* est la vertu – la valeur – d'être fiable, efficace, capable.

Il existe une autre qualité très "allemande", plus discutée cependant de nos jours :

der Fleiß : l'ardeur au travail, l'application, le zèle.

Le mot est intéressant, parce qu'il s'oppose à *die Faulheit* : la paresse, et que *faul*, le contraire de *fleißig*, donc, veut dire à la fois "paresseux" – *ein fauler Schüler* – et "pourri" – *ein fauler Apfel* ! On comprend, dans ce cas, que l'on préfère être du côté des assidus...

Cependant : *der Fleiß* est une notion plutôt quantitative, et c'est pour cela que le terme est discuté aujourd'hui. On peut, certes, parler de *Fleiß* quand il s'agit de coudre des boutons, de creuser un fossé, de construire un mur. Mais on ne peut guère dire d'un pilote, d'un chirurgien, d'un écrivain qu'il est *fleißig*, ou alors le terme devient ironique et négatif. C'est que la valeur du travail, aujourd'hui, requiert de plus en plus des qualités autres que la simple application, la simple exécution ponctuelle et tâcheronne d'un pensum dont le résultat est clairement quantifiable.

Sur les bulletins scolaires, cependant, on trouve toujours, avant la liste des matières scolaires proprement dites, les notes attribuées en conduite : *Betragen*, et en assiduité : *Fleiß*.

CHULD

die Schuld (pas de pl.) : **la faute, la coulpe**

die Schuld (pl. die Schulden) : **la dette**

Le lien qu'établit la langue allemande entre ces deux sens donne à réfléchir, bien sûr. S'endetter est coupable, rend coupable !

Le substantif *die Schuld*, et le double sens dont il est porteur, viennent du verbe

sollen qui exprime un devoir moral. Celui, d'abord, de s'acquitter d'une tâche, de régler une facture. En comptabilité, *die Sollseite* : la colonne-débit d'un compte, s'oppose à *die Habenseite* : la colonne-crédit, la colonne de l'avoir.

Ne pas s'être acquitté de sa dette constitue une faute, et, à en croire l'absence de pluriel, non pas n'importe quelle faute, mais la faute par excellence : *das ist meine / deine Schuld* : c'est ma / ta faute. On pourrait même dire que *das Schuldgefühl* : le sentiment de culpabilité, est une sorte d'intériorisation de la dette – reste à savoir laquelle – et qu'en fonction de son rapport à cette dette, à cette *Schuld*, on se sent soit *schuldig* : coupable, soit *unschuldig* : innocent.

Aujourd'hui cependant, où s'endetter intelligemment est presque devenu une vertu, la langue gomme un peu cette synonymie dette / faute en réservant de plus en plus le singulier, *die Schuld*, à la faute, et le pluriel, *die Schulden*, à la dette, plus précisément à la dette d'argent. Il convient tout de même de bien distinguer :

etwas verschulden : être fautif, coupable de quelque chose

sich verschulden : s'endetter

Toutefois, pour dire que l'on est redevable à quelqu'un de quelque chose sans qu'il s'agisse pour autant d'une dette "à rembourser", la langue allemande dispose de ce très beau verbe :

verdanken – du verbe *danken* : remercier, qui, à son tour, vient de *denken* : penser. Ce verbe nous rassure : tout dû n'est pas dette, ni coulpe, et il en est même dont on ne s'acquitte pas, mais que l'on garde en mémoire. Cela s'appelle alors reconnaissance, ou gratitude. On distinguera donc bien entre :

Ich schulde dir noch immer hundert Mark. : Je te dois toujours cent marks.

Ich verdanke ihm diesen Erfolg / diese Erfahrung / mein Leben : Je lui dois ce succès / cette expérience / ma vie (voir DENKEN).

 INTFLUT

die Sintflut : le déluge

L'orthographe de ce mot peut surprendre, et l'on pourrait penser à une forme ancienne de *Sündflut* – qui serait composée de *die Sünde* : le péché et de *die Flut* : le flux, la marée.

Or, il s'agit à l'origine d'un tout autre mot : *sin*, qui, premier élément d'un mot composé, lui donnait le sens de : universel, éternel. Nous trouvons ce sens dans des mots un peu tombés en désuétude, comme *Singrün* remplacé par *Immergrün* : plante à feuilles persistantes, ou encore *sintemal* : depuis ce temps-là, un mot pratiquement disparu de la langue actuelle, mais dont il nous "reste" tout de même *seit* : depuis !

C'est donc bien un raz-de-marée, une inondation universelle qu'il s'agit de nommer d'abord, et LUTHER écrit encore *"Sintflut"*, s'opposant avec véhémence à l'orthographe de l'époque : *"Sündflut"*. En vain : puisque le déluge engloutit l'humanité pécheresse, le "bon sens" – ou si l'on préfère le désir de cohérence – l'emporta sur l'étymologie, et ce sera *Sündflut*, voire *Sündfluß*, jusqu'à ce que des grammairiens zélés remettent les choses à leur place et reviennent à l'ancienne orthographe : *Sintflut*. Mais cela ne saurait empêcher qu'un Allemand, prononçant le mot, pensera instinctivement à *die Sünde*, le péché, dont le déluge a été la punition en même temps que l'expiation, *die Sühne*. C'est ce que l'on appelle l'étymologie populaire qui, nous l'avons déjà dit, pour être "inexacte", n'en est souvent pas moins "juste"...

Il n'est pas exclu, d'ailleurs, qu'une confusion de même nature n'existe pour le mot

die Versöhnung : la réconciliation, qui n'a rien à voir avec *der Sohn*, le fils, quelle que soit la tentation d'y voir une allusion au "fils prodigue" par exemple, ou à quelqu'autre pardon paternel.

L'actuelle orthographe de ce mot est en effet assez récente, et jusqu'au XIXe siècle, on trouve à côté de *versöhnen* : *versühnen,* qui montrait plus nettement la parenté avec le substantif

die Sühne : l'expiation. Initialement, *die Sühne* signifiait : le jugement, le tribunal, et le verbe *sühnen* : juger, rétablir l'équilibre, apaiser, calmer. Si, donc, *die Versöhnung* dit bien comme en français une harmonie retrouvée, celle-ci ne va pas, en allemand, sans expiation, que ce soit sous forme de châtiment, de sacrifice, ou de purification. Quoi d'étonnant, alors, que dans certains esprits s'établisse un lien de parenté entre die *Sühne* et *die Sünde*, entre l'expiation et le péché, mais ce n'est pas dans l'étymologie qu'il faut chercher la nature de ce lien...

 **PFER**

das Opfer : le don, le sacrifice, mais aussi : **la victime**
opfern : initialement : offrir, puis : sacrifier.

Comme pour le verbe français "sacrifier" – *sacrum facere*, faire un acte sacré –, le verbe allemand *opfern* vient du bas-latin – *operare*, faire un acte, agir –, et prend dès le VIe siècle le sens de : faire un don en renonçant à quelque chose.

Le double sens de "don" et "victime" ne doit pas nous surprendre. En effet, le mot latin *sacer* veut dire à la fois "sacré" et "condamné", et *das Opferlamm*, l'agneau pascal immolé par les Israélites à la pâque, est bien la victime innocente, sacrifiée. Car à la différence du bouc émissaire, *Sündenbock,* qui subit son rôle de victime, *das Opferlamm* est rédempteur justement par le "don" pour ainsi dire consenti de son innocence. Ainsi, il y a sacrifice, c'est-à-dire don *et* renoncement des deux côtés, et il n'y a pas de "victime" au sens étroit, passif, "subissant" du mot.

La langue courante, bien sûr, tranche assez nettement entre "don" et "victime", selon le contexte :

> *jemandem zum Opfer fallen* : être la victime de quelqu'un
> *große Opfer bringen* : faire de grands sacrifices
> *das Todesopfer* : la victime (d'un cataclysme, d'un accident)
> *die Opferbereitschaft* : l'esprit de sacrifice, d'abnégation
> *sich für jemanden / etwas auf/opfern* : se donner sans compter pour qqn ou qqch
> *die Opfergabe* : l'offrande

Ce dernier terme fait penser à :

"Das Musikalische Opfer" : "L'Offrande musicale", cette oeuvre que Johann Sebastian BACH a offerte et dédiée à Frédéric II, Roi de Prusse.

Rappelons l'anecdote : le 7 mai 1747, BACH, alors âgé de 63 ans, arrive après un long et épuisant voyage en diligence à Potsdam. Il se met aussitôt à examiner les 15 pianos Silbermann de la collection royale – Frédéric II est en effet un grand mélomane et lui-même flûtiste – et il improvise sur eux. BACH demande ensuite au Roi un thème de fugue qu'il exécutera sur le champ. Mais lorsque le Roi lui demande – sans doute pour voir jusqu'à quel degré cet art pouvait être développé – de traiter son thème dans une fugue à six voix obligatoires, BACH demande grâce, choisit lui-même un thème plus approprié à un tel ensemble de voix, et l'exécute immédiatement, à la grande stupéfaction de tous.

De retour à Leipzig cependant, BACH reprend le thème donné par le Roi, l'élabore à trois et à six voix, le fait graver sur cuivre, et donne à l'oeuvre – qui constitue, avec "L'art de la Fugue" le sommet de l'art contrapuntique – le titre de *"Musikalisches Opfer"*, en la dédiant à son "initiateur".

Le choix de ce titre quelque peu équivoque n'est pas dû au pur hasard, et BACH fait lui-même, dans sa dédicace, allusion aux deux aspects de la "genèse" de l'oeuvre. Car être reçu à la plus grande cour d'Allemagne fut certes, pour BACH, l'événement le plus grandiose de sa vie. Mais n'y avait-il pas de la part de ce "grand Prince" quelque désinvolture, voire quelque déloyauté à lancer à un vieillard à demi aveugle, après les fatigues d'un long voyage et des cérémonies d'accueil, le défi de la quadrature du cercle ? Frédéric le Grand était assez musicien pour savoir que sa demande était au-dessus des possibilités, même d'un BACH, mais il semble qu'il n'ait été, tout de même, ni assez "grand" ni assez "éclairé" pour savoir s'incliner devant un autre Roi, d'une autre essence. C'est ce que le grand BACH a su lui dire en appelant son don *"Opfer"*, un mot dont la traduction française "offrande" ne rend pas la discrète ambiguïté...

ROST

***der Trost* : la consolation, le réconfort**

trösten : consoler, réconforter, apaiser

C'est un mot dont la famille a des parents un peu partout. En effet, si l'on sait que le mot *Trost* est apparenté à

(ver)trauen : faire confiance, ainsi qu'à

treu : fidèle,

on établit assez spontanément le lien avec l'angl. *trust,* et, avec un peu de curiosité, on apprend que le frç. "dru" dans le sens primitif de : solide, ferme, est à ramener à la même origine.

Se pose alors la question : comment en arrive-t-on de la confiance à la consolation ? Les étymologistes nous apprennent que le mot avait disparu dans tout le territoire de langue allemande et qu'il ne fut réintroduit qu'au IXe

siècle, dans le Sud, par des missionnaires qui employaient le mot dans le sens de "consolation". Grâce à la Réforme, le mot ainsi "rebaptisé" a ensuite reconquis le Nord.

Mais qui pense à tout cela, quand il parle de *trösten* ? Personne, consciemment, et pourtant : le sentiment d'apaisement et de réconfort est implicitement lié à une présence, à une personne de confiance. Et le mot *Trost* porte bien encore la mémoire de cette notion de confiance, donnée, reçue, partagée.

L'un des passages les plus intimes et les plus purs du "Requiem Allemand" de BRAHMS, un solo de soprano que l'on sait directement inspiré par la mort de la mère de l'artiste, nous donne peut-être à entendre dans quel contexte *Trost* et *trösten* peuvent prendre, pour un Allemand, tout leur sens de tendresse, de paix et de réconfort.

> *"Ihr habt nun Traurigkeit ;*
> *aber ich will euch wiedersehen,*
> *und euer Herz soll sich freuen,*
> *und eure Freude soll niemand von euch nehmen.*
> *Ich will euch trösten,*
> *wie einen eine Mutter tröstet.*
> *Ich habe eine kleine Zeit*
> *Mühe und Arbeit gehabt*
> *und habe großen Trost gefunden."*
> Johannes BRAHMS, Ein Deutsches Requiem

"Maintenant vous avez de la tristesse ; / mais je vous reverrai, / et votre coeur se réjouira, / et votre joie, nul ne pourra vous la ravir. / Je vous consolerai, / comme fait une mère. / J'ai eu, pour un peu de temps / de la peine et du labeur / et j'ai trouvé une grande sérénité." (paroles librement adaptées de l'Évangile selon Saint Jean)

Dichten und Denken

Poésie et pensée

*"Schläft ein Lied in all den Dingen
Die da träumen fort und fort,
Und die Welt hebt an zu singen,
Triffst du nur das Zauberwort."*
                              EICHENDORFF

RLKÖNIG

"Der Erlkönig" : **"Le Roi des Aulnes"**

Célèbre poème de GOETHE, mis en musique par SCHUBERT, et dont le titre est si solidement établi en France que l'erreur de traduction initiale est désormais irréversible. Or : GOETHE s'était inspiré d'une légende danoise, et en danois, *ellerkonge* – qui, par l'effet d'une métathèse, donnera *Erlkönig* – veut dire : "roi des elfes". D'ailleurs, dans le texte de GOETHE, il n'est nulle part question d'aulnes – *Erlen* –, mais de saules – *Weiden*...

Cette erreur de traduction n'a cependant pas empêché le titre de faire fortune. Le caractère à la fois romantique et dramatique du poème de GOETHE qui puise dans un fond de légendes de ce grand Nord noyé de brumes semble même, pour les Français, si représentatif de "l'âme allemande" que – si l'on se réfère par exemple au nom d'une librairie allemande à Paris ou encore au titre d'un roman de Michel TOURNIER – le "Roi des Aulnes" est pratiquement devenu synonyme d'Allemagne.

Le poème raconte la chevauchée nocturne d'un père, tenant dans ses bras son enfant malade qui délire : le roi des elfes veut le séduire et l'invite à venir danser avec ses filles. Le père, effrayé, tâche d'aller plus vite, mais quand il arrive à la ferme, l'enfant est mort. (voir VERS)

"Der Erlkönig" est un exemple typique d'un genre littéraire très répandu et très aimé en Allemagne : la ballade.

ALLADE

die Ballade : **la ballade**

Il s'agit d'une forme de poème particulière qui existe, certes, depuis la fin du Moyen Age et dans toute l'Europe, mais qui, dans la littérature allemande, connaît une véritable renaissance à partir de la fin du XVIIIe siècle.

Le mot est un emprunt de l'angl. *ballad* : poème épique racontant une légende, *ballad* ayant été lui-même emprunté au vieux frç. *balade* : air de danse, qui nous fait remonter au provincial *balada* : danse, et *balar* : danser.

La littérature italienne, française, anglaise est riche en exemples de ces poèmes narratifs, de ces "lambeaux d'épopée" que les ménestrels, ces messagers-poètes, allaient conter d'une cour à l'autre. Mais c'est en Allemagne que, après une apparente éclipse de plusieurs siècles, ce genre réapparut en force. En effet, la ballade médiévale était restée vivante sous forme de *Volksballade*, que l'on commença à répertorier et à rassembler à la fin du XVIIIe siècle, comme on le fit également des chansons et des contes populaires. Les *"Stimmen der Völker in Liedern"* de HERDER, mais aussi *"Des Knaben Wunderhorn"* de BRENTANO et ARNIM, les deux recueils de poésie populaire les plus célèbres, témoignent de la richesse et de la popularité de ce genre littéraire.

Et c'est à partir de cette *Volksballade* que s'est développée la *Kunstballade*, tout comme ce fut le cas pour les *Lieder* et les *Märchen*. GOETHE et SCHILLER, après avoir écrit des ballades d'inspiration populaire, vont vite dépasser ce cadre simplement narratif, et leur enthousiasme partagé pour la ballade sera tel, à un moment, que l'on appellera l'année 1798, particulièrement fructueuse, *"das Balladenjahr"*.

Au cours du XIXe siècle, la ballade a tenté tous les poètes et inspiré de nombreux compositeurs, notamment SCHUBERT et SCHUMANN qui, d'ailleurs, ont dépassé le simple accompagnement musical à tel point que la ballade deviendra, chez CHOPIN, LISZT, BRAHMS par exemple, une pièce instrumentale autonome.

Ainsi, un cercle s'est fermé : l'air de danse, après être passé par le chant, puis par le poème, puis par l'interprétation musicale de ce poème, est redevenu pièce musicale – et c'est bien la musicalité de la langue poétique qui a permis ce retour.

Vouloir donner "quelques exemples" des ballades est quasiment impossible. Mais comme nous avons déjà nommé le *"Erlkönig"*, citons encore, au nom d'un minimum d'équité : *"Edward"* de Gottfried HERDER, *"Der Zauberlehrling"*, *"Der Sänger"* de GOETHE, *"Die Glocke"*, *"Der Ring des Polykrates"*, *"Die Kraniche des Ibykus"* de SCHILLER, *"Die Grenadiere"*, *"Belsazar"* de HEINE, *"Die Geister am Mummelsee"* de MÖRIKE, *"Die Füße im Feuer"* de C.F. MEYER, *"Die Brück am Tay"* de Theodor FONTANE, *"Der Knabe im Moor"* de Annette von DROSTE-HÜLSHOFF, ...

ERS

***der Vers* : le vers**

L'allemand est une langue à scansion : non seulement, il y a des voyelles longues et brèves, ouvertes et fermées, mais l'accent tonique est très marqué.

Si bien que le vers allemand ne se définit pas par rapport au nombre des syllabes, mais en fonction du nombre de syllabes accentuées et de l'alternance d'accents toniques et secondaires.

Le groupe formé par une syllabe accentuée – die Hebung [/] – et une ou deux syllabes non accentuées – die Senkung [∪] s'appelle *der Versfuß* : le pied. Parmi les plus fréquentes de ces unités, citons :

    l'ïambe : *Ver**nunft***   [∪ /]
    le trochée : ***Gar*** ten   [/ ∪]
    l'anapeste : Melo***die***   [∪∪ /]
    le dactyle : ***Kö*** nigin   [/ ∪∪]

Les tragédies classiques, par exemple, sont écrites pour la plupart en *Blankvers*, un vers ïambique à cinq pieds, sans rime. Mais nous allons voir que le vers allemand permet une grande liberté, et que le trait essentiel qui distingue la poésie de la prose est que seule la prose permet la succession de trois syllabes non accentuées ou de plusieurs syllabes accentuées.

Est de la poésie :

    Was ***blei*** bet a ber, ***stif*** ten die ***Dich*** ter   [∪ / ∪ / ∪ / ∪∪ / ∪]

Est de la prose :

    Was aber die ***Zei*** ten über***dau*** ert, ***schen*** ken uns die ***Dich*** ter
    [∪∪∪ / ∪∪∪ / ∪ / ∪∪∪ / ∪]

Ceci du moins dans l'acception classique des termes. Et si, dans la littérature contemporaine, nous trouvons ce que nous pourrions appeler des poèmes en prose, ce n'est bien sûr pas négligence de la part du poète, mais dé-règlement intentionnel, et qui fait sens.

Mais nous n'allons pas nous lancer dans un cours de versification allemande, aussi intéressant que soit le sujet. Nous allons nous limiter à l'observation de ce qu'il est possible de "dire", en allemand, par le seul jeu des rythmes !

Prenons, pour ce faire, le ***"Erlkönig"*** dont nous avons déjà parlé plus haut : la première strophe nous décrit le père qui chevauche, tenant dans ses bras son enfant malade. A bien écouter, ou à défaut, à simplement "regarder" le schéma du rythme, on entend, on "voit" littéralement le trot du cheval :

*Wer **rei**tet so **spät** durch **Nacht** und **Wind** ?*	∪ / ∪ ∪ / ∪ / ∪ /
*Es **ist** der **Vat**er mit **sei**nem **Kind**,*	∪ / ∪ / ∪ ∪ / ∪ /
*Er **hat** den **Kna**ben **wohl** in dem **Arm**,*	∪ / ∪ / ∪ / ∪ ∪ /
*Er **faßt** ihn **sich**er, er **hält** ihn **warm**.*	∪ / ∪ / ∪ ∪ / ∪ /

A l'intérieur de ces syllabes accentuées ou non, il y a évidemment des nuances, une certaine fluidité, et seul un enfant qui "récite mal" ferait une scansion rigoureuse, appuyée, appliquée – qui, disons-le, a aussi son charme : celui de l'enfant qui s'applique, justement...

Mais revenons à l'enfant de la ballade : dans sa fièvre, il voit le roi des elfes qui l'invite à venir danser avec ses filles et lui promet que celles-ci le berceront jusqu'à ce qu'il dorme. Le rythme est alors celui d'une valse :

*Und **wie**gen und **tan**zen und **sing**en dich **ein**.*	∪ / ∪ ∪ / ∪ ∪ / ∪ ∪ /

La fin de l'histoire est tragique : le père "à grand-peine arrive à la ferme, l'enfant, dans ses bras, est mort". Un minimum de syllabes et le hiatus à la dernière ligne disent cette "peine" autant que les mots :

*Er**reicht** den **Hof** mit **Müh** und **Not**,*	∪ / ∪ / ∪ / ∪ /
*In **sei**nen **Ar**men – das **Kind** – war **tot**.*	∪ / ∪ / ∪ ∪ / ∪ /

Johann Wolfgang GOETHE, 1749-1832

On voit combien la musicalité de l'écriture – son rythme, mais aussi son jeu de voyelles – appelle une *Vertonung*, une mise en musique. Mais on voit aussi qu'il ne peut plus s'agir, notamment pour ces petites pièces dramatiques que sont les ballades, d'une succession de strophes musicalement identiques : c'est ainsi que va naître le lied allemand, par lequel on entend essentiellement *"das durchkomponierte Lied"*, où les notions de strophe et de refrain sont largement atténuées, comme dans *"Gretchen am Spinnrad"* de GOETHE / SCHUBERT, ou *"Die Grenadiere"* de HEINE / SCHUMANN, quand elles ne sont pas abolies comme dans le *"Erlkönig"* de GOETHE / SCHUBERT ou encore dans *"Der Doppelgänger"* de HEINE / SCHUBERT.

IED

das Lied : la chanson, le "lied"

A l'origine, *das Lied* est un chant de louanges (lat. *laus, laudis*), soit à la gloire de Dieu, soit, dans une forme plus narrative, pour évoquer un événement – tel que nous le décrit GOETHE dans son *"Sänger"* –, mais également pour évoquer des personnages de légende – comme c'est le cas pour le *"Nibelungenlied"*. Cette dernière forme, plus épique, est particulièrement cultivée au Moyen Age, par les *Minnesänger*, héritiers des troubadours, ces poètes de l'amour courtois et des chansons de geste. Mais si nous pouvons aisément traduire les composés du mot *Lied*, tels que :

> *das Minnelied* : le chant d'amour courtois
> *das Heldenlied* : la chanson de geste
> *das Volkslied* : la chanson populaire – terme introduit pas HERDER en 1871
> *das Kirchenlied* ou *das geistliche Lied* : le cantique, puis, depuis LUTHER et BACH : le choral,

il semble que l'on ne saurait traduire le "simple" *Lied* ni par chanson, ni par chant, ni par mélodie ou romance, sans en perdre une dimension essentielle.

En effet : ce que l'on appelle **le lied allemand** n'est plus, surtout depuis SCHUBERT qui en est à la fois le créateur et le maître, une chanson au sens courant du terme, avec strophes et refrains. Même s'il est souvent proche du chant populaire – comme *"Das Heidenröslein"* de GOETHE / SCHUBERT ou *"Die Lorelei"* de HEINE / SILCHER –, il va s'en éloigner peu à peu pour devenir un genre tout à fait à part.

Il fallait pour cela un concours de circonstances : d'une part, avec le pianoforte, un assouplissement et un extraordinaire enrichissement des possibilités du piano, et d'autre part le retour, en poésie, aux grands thèmes "de toujours" : la nature, l'amour, la mort.

Que *Lied* soit un anagramme de *Leid*, la souffrance, est bien sûr un hasard. Mais qui fait penser à ce vers de HEINE à qui nous devons tant de *Lieder*, et parmi les plus simples – donc les plus grands :

> *"Aus meinen großen Schmerzen*
> *Mach' ich die kleinen Lieder"*

Ce retour aux thèmes simples est dû à une redécouverte des sentiments, de l'individu, de la nature – par réaction à l'*Aufklärung* –, mais également à un retour aux valeurs populaires, traditionnelles, "allemandes" – par réaction à l'occupation française après les guerres Napoléoniennes. Les anthologies de contes – *"Kinder- und Hausmärchen"* des frères GRIMM – et de chansons populaires – *"Des Knaben Wunderhorn"* de BRENTANO et ARNIM –, ainsi que toute la poésie dite romantique sont le fruit de ce grand mouvement que l'on pourrait qualifier de "retour aux sources".

La rencontre de grands poètes – GOETHE, HEINE, EICHENDORFF, MÖRIKE, KELLER... –, et de génies tels que BEETHOVEN, SCHUBERT, SCHUMANN, BRAHMS, ... va donner naissance à ce que nous appelons, en France, le "lied" : peu à peu, le *Strophenlied* va céder la place au *durchkomponiertes Lied*. Ce qui signifie que la notion de strophe et de refrain, propre à la chanson populaire, sera abandonnée et que la musique va "accompagner" le texte d'un bout à l'autre. Et cela ne veut pas seulement dire que la musique va suivre ce que dit le texte dans le sens d'une illustration musicale – comme c'est le cas pour le mouvement du rouet dans *"Gretchen am Spinnrad"* par exemple –, mais que la musique va jusqu'à commenter le texte, comme le fait SCHUMANN par exemple, quand, dans *"Die Grenadiere"*, il fait apparaître le thème de la Marseillaise.

Peu à peu, la partie de piano accompagnant la mélodie chantée va atteindre un tel degré d'autonomie que le pas suivant sera d'une part la romance sans paroles – *"Lieder ohne Worte"*, Felix MENDELSSOHN-BARTHOLDY – et d'autre part, après que Hugo WOLF ait atteint, semble-t-il, les limites des possibilités du piano, l'orchestration.

Ainsi, le "lied" va atteindre une autre dimension encore. Celle des *"Kindertotenlieder"* de Gustav MAHLER, des *"Vier letzten Lieder"* de Richard STRAUSS, ou encore des *"Gurrelieder"* d'Arnold SCHÖNBERG.

Mais n'oublions pas que même le *Lied* le plus simple en apparence, le plus enjoué, le plus léger peut représenter à lui seul tout un univers, et que la seule manière de savoir un peu ce qu'est un "lied" est de choisir un moment de calme, et d'écouter...

ÄRCHEN

das Märchen : le conte de fées

Le mot d'abord : il s'agit d'un diminutif de *die Mär* : le récit d'un événement, la nouvelle. *Mär* est aujourd'hui hors d'usage, si bien que nous ne le rencontrons plus que dans des chants ou dans la poésie. Ainsi chez LUTHER : *"Ein' gute Mär..."* : "une bonne nouvelle" – celle, en l'occurrence, de la naissance du Christ ; ou dans les *"Gernadiere"* de HEINE : *"Da hörten sie beide die traurige Mär..."* : "ils apprirent alors la triste nouvelle...".

Mär est un dérivé de **mar / *mor* : grand, célèbre, qui apparaît encore dans l'allemand *mehr* : plus, l'anglais *more*, mais aussi dans le mot français *cauche-mar* (angl. *night-mare*), une "histoire" qui vient troubler le sommeil, à moins que ce ne soit une histoire de fantôme, puisque le mot peut avoir fait un détour par le néerlandais *mare* qui signifie : fantôme.

Cette petite étymologie est à peu près tout ce qu'il y aurait à dire sur le *Märchen*, si ce mot n'était pas étroitement lié à un nom : **les frères GRIMM**.

Ce sont eux en effet qui, avec leurs *"Kinder- und Hausmärchen"* (1812 et 1815), vont fixer le sens actuel du mot *Märchen* : conte de fées.

Les frères GRIMM, ce sont Jakob (1785-1863) et Wilhelm, d'un an son cadet. Ils sont d'abord philologues, auteurs d'une "Grammaire allemande en quatre volumes", d'une "Histoire de la langue allemande", ainsi que d'un "Dictionnaire de la langue allemande" en trente volumes !

Mais la célébrité des frères GRIMM est indéniablement liée à leur "Anthologie de contes". Alors que Clemens BRENTANO et Archim von ARNIM vont recueillir les trésors de la chanson populaire allemande dans leur recueil *"Des Knaben Wunderhorn"* – "Le Cor enchanté de l'enfant" –, les frères GRIMM, de leur côté, vont entreprendre de rassembler cette *Naturpoesie* que constituent les contes, expression naturelle, spontanée et authentique de l'âme et de la sagesse populaires. Ils vont aller, sac au dos, voir les vieilles femmes et se faire conter ces histoires que la tradition orale a maintenues ou variées, selon le cas. Et ils le feront dans le souci de "sauver ce trésor avant qu'il ne disparaisse" ... dans les turbulences d'un monde par trop agité.

Mais ils le font aussi, dans le grand mouvement romantique de l'époque, pour répondre à la défaite infligée par Napoléon : ils documentent la richesse de la langue allemande et font prendre conscience aux Allemands de la valeur de leur culture "nationale". Vu sous cet angle, on peut dire que Napoléon, sans l'avoir voulu ni peut-être su, a déclenché ce que l'on pourrait appeler un sentiment national en Allemagne : pour la première fois dans l'Histoire, on n'était plus Bavarois ou Prussien ou Rhénan, mais, face à l'occupant français, "Allemand".

Ce qui ne veut pas dire que l'anthologie des frères GRIMM ne comporte que des contes proprement germaniques comme *"Hänsel und Gretel"* ou *"Schneewittchen"*. L'édition de 1812 rassemblait des contes de l'Europe entière ce qui explique que nous trouvons les mêmes contes chez **PERRAULT** et chez **GRIMM**, comme par exemple *"Aschenputtel"* : Cendrillon, ou *"Rotkäppchen"* : Le Petit Chaperon Rouge.

Il est d'ailleurs fort intéressant de comparer ces "mêmes" contes ! Antérieurs à ceux des frères GRIMM de plus d'un siècle – "Les Contes de ma mère l'Oye" sont publiés en 1697 –, les contes de PERRAULT puisent, certes, dans la tradition populaire, mais poursuivent un but nettement didactique, comme l'indique d'ailleurs fort bien le titre original : "Histoires et contes du temps passé avec des moralités". En effet, PERRAULT a pris soin de supprimer le trop de sang et d'"atrocités" des contes populaires, il s'est arrangé pour que les histoires finissent "bien", car il fallait qu'elles conviennent à un certain public de l'époque de Louis XIV, qu'elles ne choquent ni les parents ni – encore qu'il ne soit pas sûr que cela ait été un souci, à l'époque –, les chers petits.

Or, les frères GRIMM étaient résolument hostiles à toute modification du *Volksmärchen* – du conte populaire –, hostiles à ce que le *"Kunstmärchen"* – le conte littéraire – avait à leurs yeux d'inauthentique et d'artificiel. Était-ce par fidélité à la tradition orale ou par une intuition de la profonde vérité humaine que recèlent ces contes ? Toujours est-il qu'ils ont respecté ces contes jusque dans leurs aspects parfois violents, bien avant que Bruno BETTELHEIM ne nous apprenne combien il est important pour l'enfant d'être mis "en présence de toutes les difficultés fondamentales de l'homme" : l'angoisse, la mort, l'agressivité, l'ambivalence. Le fait que l'édition française du livre de BETTELHEIM ait pour titre *" Psychanalyse des contes de fées"* ne doit faire reculer personne devant la lecture d'un livre passionnant, dont le titre original est plus poétique : *"The uses of enchantment"* et qui, en Allemagne, s'intitule tout simplement : *"Kinder brauchen Märchen"* : les enfants ont besoin de contes. Les adultes aussi, d'ailleurs ...

Un des personnages les plus bouillonnants, les plus excentriques du "romantisme allemand" – un terme bien trop vaste pour rendre compte de mondes et d'oeuvres aussi divers que ceux de NOVALIS, TIECK, BRENTANO, EICHENDORFF, HEINE, MÖRIKE, ... –, un des personnages les plus étrangement romantiques, donc, c'est-à-dire **E.T.A. HOFFMANN**, a été l'auteur d'un autre genre de contes : "le conte fantastique". Certes, "Les Contes d'Hoffmann" sont célèbres aussi à cause de l'opéra d'OFFENBACH, mais nous savons que HOFFMANN a eu une grande influence sur E.A. POE et sur KAFKA, et nous savons aussi que FREUD, dans son essai sur *"Das Unheimliche"*, cette "inquiétante étrangeté", fait une analyse des *"Nachtstücke"* et du *"Sandmann"* de HOFFMANN, justement. Il faut lire ce *"Sandmann"*, et aussi *"Die Elixiere des Teufels"*, *"Die Lebensansichten des Katers Murr"*, il faut lire HAUFF, CHAMISSO, ... et, si l'on est vraiment amateur de contes, franchir le seuil du XXe siècle et lire, par exemple, *"Die Frau ohne Schatten"* de HOFMANNSTHAL, et non seulement le livret d'opéra (Richard STRAUSS), mais le conte en prose, très riche, très beau.

 TURM UND DRANG

"Sturm und Drang" : **le "Sturm und Drang"**, litt. : tempête et impulsion

"Sturm und Drang" est le nom donné à un mouvement littéraire qui, en dépit de sa brièveté, a fortement marqué l'histoire de la littérature allemande. En effet, on peut dire que le *"Sturm und Drang"* ne dépasse guère les quinze années comprises entre 1767, date de la publication des *"Fragmente"* de HERDER, et 1785, date du départ de GOETHE en Italie. C'est la réaction fougueuse d'une jeunesse au rationalisme de l'*"Aufklärung"*, c'est la revendication impétueuse de la primauté du sentiment et de l'instinct sur la raison.

Le nom *"Sturm und Drang"* vient d'une pièce de Maximilian KLINGER, et se faire appeler *"Stürmer"* n'était guère un compliment, à l'époque ! (Pas plus, sans doute, que ne l'était un siècle plus tard le qualificatif "Impressionnistes" pour les peintres français nommés ainsi, par raillerie, d'après une toile de Jean MONET : "Impression, soleil levant".)

Toutefois, le "mouvement", pour avoir été bref, n'en a pas moins eu ses théoriciens : HAMANN et HERDER, ses génies : LENZ, le jeune SCHILLER, le jeune GOETHE, et ses héritiers : tout le romantisme allemand.

Peut-être pourrions-nous ouvrir ici une parenthèse pour donner une idée de la fécondité littéraire de cette époque, de la rapidité de l'évolution, de l'une ou l'autre différence essentielle avec l'histoire des idées et des lettres en France.

La littérature allemande avait connu une apogée aux XIIe et XIIIe siècles, puis a quasiment disparu de la scène pendant plusieurs siècles. La Renaissance, l'Humanisme ont été tronqués, voire étouffés par les conflits religieux ; la Guerre de Trente Ans a replongé le pays dans la misère noire du haut Moyen Age. Et alors que la France atteint, au XVIIe siècle, un des sommets de sa culture, l'Allemagne, jusqu'au coeur du XVIIIe, est culturellement pauvre, et la mince couche des gens cultivés se "nourrit" des idées et d'une littérature d'importation – n'oublions pas que pendant pratiquement deux siècles, la langue française est celle de toute l'élite de l'époque.

Et puis, vers le milieu du XVIIIe, c'est l'explosion. Tout se précipite, et on assiste à un extraordinaire et bouillonnant brassage de forces contraires : raison et déraison, élans exaltés et sagesse classique, sensibilité piétiste et admiration pour la pureté des Anciens, repli sur soi et redécouverte fervente des traditions populaires, tout cela sur fond de conflits politiques qui redessinent la carte de l'Europe d'alors. Ainsi, les philosophes de l'*Aufklärung*, LEIBNITZ (1646-1716) et KANT (1724-1804), invitent, certes, à l'usage de la "raison", mais cela signifie pour eux l'usage de la faculté de penser propre à chacun, l'invitation à se libérer de la dépendance intellectuelle d'autrui. C'est Gotthold Ephraim LESSING (1728-1781), contemporain de VOLTAIRE et de DIDEROT et *Aufklärer* par excellence, qui donnera une force dramatique et poétique aux idées de ces philosophes en faisant reconnaître, et d'abord en Allemagne même, la langue allemande comme langue de culture, comme langue de "penseurs et poètes".

Les *"Stürmer"* vont donc à la fois s'opposer au rationalisme des Lumières, et continuer dans la voie de la subjectivité, ouverte par l'Aufklärung. Et ils vont avoir deux catégories d'héritiers : d'une part, GOETHE (1749-1832) et SCHILLER (1759-1805) qui, arrivés à l'âge "de raison", seront les génies de la littérature classique allemande – ce qui permet de dire que le classicisme allemand est un "Sturm und Drang" calmé, assagi, apaisé ; et d'autre part, les Romantiques. Et ces derniers ne se posent nullement en ennemis de ce classicisme : ils placent simplement au premier rang les valeurs émotives et individuelles – plus tard nationales –, et continuent donc directement les *Stürmer*, tout en se distinguant d'eux par une esthétique plus raffinée, une pensée philosophique plus érudite, une conscience du moi plus différenciée.

Dans cette coexistence du classicisme et du romantisme, il faut encore citer deux génies, inclassables parce que participant des deux courants à la fois tout en les dépassant, chacun à sa manière : Friedrich HÖLDERLIN (1770-1843) et Heinrich von KLEIST (1777-1811).

Ainsi donc, en moins d'un siècle – on pourrait même dire en l'espace d'une vie d'homme –, l'Allemagne non seulement a rattrapé son "retard", mais – comme le prouve dès 1808 le livre de Madame de STAËL, "De l'Allemagne" – elle est à son tour devenue référence, modèle, avant-garde.

Parler plus concrètement du *"Sturm und Drang"* en donnant des exemples de ses aspects les plus caractéristiques dépasserait le cadre de cet ouvrage. Les drames du jeune SCHILLER, la poésie de jeunesse de GOETHE, mais aussi, bien sûr, "Les souffrances du jeune Werther" mériteraient chacun un long exposé. Quant au passage du *"Sturm und Drang"* au classicisme, la comparaison du *"Prometheus"* (1773) et de *"Grenzen der Menschheit"* (1789) de GOETHE, mais aussi son *"Tasso"* (1790) peuvent montrer, mieux que tout discours, comment la révolte d'une jeunesse éprise d'indépendance a fini par admettre les "Limites de la condition humaine". Limites, cependant, dont les Romantiques, rêveurs ou déchirés, vont continuer à interroger les lisières...

 UFKLÄRUNG

die Aufklärung : L'"**Aufklärung**", litt. : éclaircissement, élucidation

> *"Aufklärung ist der Ausgang des Menschen aus seiner selbstverschuldeten Unmündigkeit. Unmündigkeit ist das Unvermögen, sich seines Verstandes ohne Leitung eines anderen zu bedienen. Selbstverschuldet ist diese Unmündigkeit, wenn die Ursache derselben nicht am Mangel des Verstandes, sondern der Entschließung und des Mutes liegt, sich seiner ohne Leitung eines andern zu bedienen. Sapere aude ! Habe den Mut, dich deines eigenen Verstandes zu bedienen ! ist also der Wahlspruch der Aufklärung."*
> Immanuel KANT, Beantwortung der Frage : "Was ist Aufklärung ?", 1783

"Aufklärung signifie que l'homme sort de son irresponsabilité imputable à lui-même. Irresponsabilité signifie l'incapacité de se servir de son intelligence sans l'aide d'un autre. Cette irresponsabilité est imputable à soi-même quand la cause n'en est pas une déficience de cette intelligence, mais un manque de détermination et de courage de s'en servir sans l'aide d'un autre. Sapere aude ! Aie le courage de te servir de ta propre intelligence ! est donc le mot d'ordre de l'Aufklärung."

Voilà comment KANT définit ce courant de pensée, contemporain des "Lumières", mais, nous l'avons vu lors de notre brève étude du *"Sturm und Drang"*, différent d'elles à plus d'un titre. Car KANT, auteur de "l'impératif catégorique" – *"Handle so, daß die Maxime deines Handelns zu allgemeinen Postulaten erhoben werden können"* : "Agis de sorte que les maximes de tes actes puissent être érigés au rang de postulats universels" – est aussi le fondateur de ce que l'on appelle le subjectivisme ou l'idéalisme. *L'Aufklärung* est donc un mouvement d'émancipation de la pensée individuelle, mais qui, loin de se limiter au seul règne du rationnel, vise l'épanouissement de la personnalité tout entière *"in Anmut und Würde"*, "dans la grâce et la dignité" selon le mot de SCHILLER.

Que le souffle de *l'Aufklärung* ait aussi gagné le domaine politique, deux grands monarques de cette époque en témoignent : Frédéric II, Roi de Prusse, et Joseph II, Empereur d'Autriche, tous deux adeptes et représentants du "despotisme éclairé". On peut certes faire plus d'un reproche à l'un et à l'autre quant à l'incohérence de leurs décisions et réformes, on peut critiquer la lourdeur bureaucratique de leur appareil d'État, ou mettre en doute leur réel souci du bien-être de leurs sujets, mais la tolérance religieuse, par exemple, – "Que chacun gagne le ciel à sa façon !" – ou l'abolition du servage sont tout de même des mesures "éclairées", et pas des moindres...

WELTANSCHAUUNG

***die Weltanschauung* : la "conception du monde"**, composé du substantif *die Welt* : le monde, et du verbe *an/schauen* : regarder.

Die Weltanschauung est donc, à la lettre, l'action de regarder, de contempler le monde. Il s'agit d'une attitude d'observation, de contemplation dans la durée, ce qui permet de voir aussi ce monde en évolution, alors que le mot français "conception" suggère plutôt le résultat d'une réflexion sur le monde, une représentation mentale et abstraite du monde.

On pourrait dire que le Français, disant : "ma conception du monde", dit : "le monde, tel que je le pense" ; alors que l'Allemand dit : "le monde tel que je suis en train de le regarder / voir". La différence est importante, et c'est sans doute la raison pour laquelle de nombreux textes ou commentaires philosophiques français reprennent, sans le traduire, le mot allemand *"Weltanschauung"*.

Une des différences caractéristiques entre les deux langues, d'ailleurs, est la préférence de l'Allemand pour les mots "faits-maison" qui puisent dans le fond commun de la langue, alors que le Français a beaucoup plus souvent recours à des notions abstraites, à des mots dits "savants", directement formés à partir de racines grecques ou latines.

En voici quelques exemples :

schweigsam : taciturne (*schweigen* : se taire)
das Fahrzeug : le véhicule (*fahren* : rouler ; *-zeug* : l'outil à...)
das Schlafmittel : le somnifère (*der Schlaf* : le sommeil ; *das Mittel* : le moyen)
das Trinkwasser : l'eau potable (*trinken* : boire ; *das Wasser* : l'eau)
der Selbstmord : le suicide (*selbst* : soi-même ; *der Mord* : le meurtre)
die Stimmung : l'ambiance (*stimmen* : sonner juste, être en harmonie)
der Menschenfreund : le philanthrope (*der Freund* : l'ami)
der Menschenfeind : le misanthrope (*der Feind* : l'ennemi)
der Seiltänzer : le funambule (*das Seil* : la corde ; *der Tänzer* : le danseur)
die Blindheit : la cécité (*blind* : aveugle)
der Treibstoff : le carburant (*treiben* : pousser ; *der Stoff* : la matière)

DENKEN

denken : penser

Ce verbe, apparenté au lat. *tongere* signifiait d'abord : faire en sorte que quelque chose soit évident. Le factitif
dünken, aujourd'hui encore employé dans l'expression un peu précieuse *mich dünkt, daß...* : il me semble que..., montre cependant que *denken* (*dachte, gedacht*) : penser, signifie toujours aussi – ou nécessairement – : supposer, émettre une hypothèse.

HEIDEGGER remonte à un mot initial, *Gedanc*, et nous dit ceci :

> "Une pensée (*Gedanke*) veut dire d'habitude : une idée, une représentation, une opinion, une idée soudaine (*Einfall*). Le mot initial *Gedanc* veut dire autant que : garder un souvenir recueilli en qui tout se recueille. Le *Gedanc* équivaut à peu près à l'âme (*Gemüt*), au cœur (*"muot"*). (...) *Der Gedanke*, la pensée, comprise dans le sens de représentations logiques et rationnelles, se révèle, par rapport au *Gedanc* initial, comme un rétressissement et un appauvrissement du mot tels qu'on peut à peine en imaginer de plus grands."

A cause, peut-être, de cet appauvrissement de *denken*, l'allemand a dû, pour exprimer l'acte de réfléchir, former le verbe :
nach/denken, litt. : penser après. Il s'agit donc d'une sorte d'après-coup, comme si voir / entendre / parler / faire... et penser ne pouvaient se faire en même temps. *"Ich habe über die Sache nachgedacht"* : "J'ai réfléchi à cette affaire", pourrait aussi se "traduire" par : "Je me suis, après-coup et en pensée, penché sur cette affaire." Dans une attitude à la fois de souvenir, de recueillement, – et de reconnaissance.

La famille du verbe *denken* est, bien sûr, nombreuse, et chaque mot peut être mis en résonance avec les autres :

> *der Gedanke* : la pensée, l'idée (le contenu)
> *das Denken* : le fait de penser, l'activité de penser
> *das Gedächtnis* : la mémoire
> *das Andenken* : le souvenir (l'objet, et le fait de penser à...)
> *die Andacht* : le recueillement, la méditation
> *das Denkmal* : le monument

etwas bedenken : tenir compte de quelque chose
eine Sache noch einmal überdenken : repenser une chose, la reconsidérer dans son ensemble
bedenklich : incertain, douteux, délicat, périlleux
das Bedenkliche : ce qui, parce que incertain, "donne à penser"
gedankenlos : inattentif, distrait, machinal

Tous ces mots tournent bien autour de l'idée de "penser". Mais il est des parents plus éloignés, tels que
verdächtig : suspect. Cet adjectif, venant du participe passé *vorbedacht* : réfléchi d'avance, donnera dans la langue actuelle le dérivé :
der Verdacht : le soupçon
jemanden verdächtigen : soupçonner quelqu'un, le supposer coupable. Des termes, donc, qui renouent avec la notion d'hypothèse contenu dans *denken* et *dünken*.
der Dank : le remerciement, la reconnaissance. La gratitude, nous dit le mot allemand, est d'abord une pensée, est le souvenir de quelqu'un ou de quelque chose, est, selon une expression ancienne, *zu denken wissen* : savoir gré. Mais le proverbe dit, résigné : *"Undank ist der Welt Lohn."* : "La récompense en ce bas monde n'est ingratitude". Laquelle ingratitude, répond la langue – *Undank / Gedankenlosigkeit* – n'est autre que la paresse de penser, l'indifférence, l'oubli.

danken : remercier
dankbar sein : être reconnaissant
die Dankbarkeit ≠ die Undankbarkeit : la gratitude ≠ l'ingratitude
jemandem etwas verdanken : être redevable de quelque chose à quelqu'un
Gott sei Dank ! : Dieu merci !
Danke ! Vielen Dank ! Dankeschön ! : merci ! grand merci ! merci bien !

 ITZ

der Witz : le mot d'esprit, la boutade, la plaisanterie.
Er erzählt gern Witze. : il aime raconter des histoires drôles ; *ein witziger Kerl* : un type marrant ; *ein Witzbold* : un plaisantin, *"Mach keine Witze !"* : "Ne raconte pas de blagues !", "Sans blague !", "Arrête tes conneries !" ...

Le verbe de base de ces drôleries est
***wissen** (ich weiß, ich habe gewußt)* : savoir (je sais, j'ai su).
Wissen s'est développé à partir d'une racine, **ueid*, signifiant : voir (cf. lat. *videre*), et dont le participe passé a pris le sens actuel de "savoir" : j'ai vu, donc je sais, dit la langue allemande. Alors que la langue française a dérivé son "savoir" du lat. *sapere*, lui donnant ainsi de la "saveur".

Der Witz a signifié longtemps ce que l'on pourrait appeler le bon sens, propre à tout le monde, fait d'expérience et de ce qu'il faut de ruse. *Ein gewitzter Mensch* était un homme "avisé", qui n'avait pas les yeux dans sa poche, et avait la tête sur les épaules.

Puis, au XVIIIe siècle, le mot a légèrement changé de sens : *der Witz* désignait alors plutôt le "bel esprit", subtil, vif, et fin. *Er hat Geist und Witz"* : il a l'esprit vif et incisif, bref : il a du génie. Et *ein gewitzter Mensch* était, à l'époque, un homme d'esprit, un homme cultivé donc, et spirituel.

C'est sans doute à partir de là que le sens du mot *Witz* s'est peu à peu réduit à celui de "mot d'esprit", puis de "pointe", puis de " boutade" voire de "plaisanterie banale".

Il ne faut cependant pas en conclure que toute la famille du verbe *wissen* ait connu le même sort. Les liens de parenté vont de la sagesse à la ruse, de la conscience – tranquille ou non – aux remords, de la certitude à l'inconscient... :

gewitzt sein : être rusé, avisé, avoir de l'esprit
witzig : drôle, amusant, bizarre
das Wissen : le savoir
die Wissenschaft : la science
die Gewißheit : la certitude
gewiß ≠ ungewiß : certain ≠ incertain
das Gewissen : la conscience morale (bonne ou mauvaise)
gewissenhaft ≠ gewissenlos sein : être consciencieux ≠ sans scrupules
die Gewissensbisse : les remords (litt. les morsures de la conscience)
das Bewußtsein : la conscience (que l'on a des choses)
sich einer Sache bewußt sein : être conscient de quelque chose
bewußtlos sein : être sans connaissance, évanoui
das Unbewußte : l'inconscient
das Selbstbewußtsein : la conscience que l'on a de soi / de sa propre valeur
die Weisheit : la sagesse
der Weise : le sage (cf. la pièce de LESSING : *Nathan der Weise*)
weissagen : présager, prophétiser

BEDEUTEN

***bedeuten* : signifier, vouloir dire**

Voyons comment les Allemands arrivent à savoir ce que "signifier" veut dire. Le mot de base, parfaitement "présent" dans *bedeuten*, est :

deuten : interpréter, mais d'abord, dans le sens très concret de *deuten auf* : "désigner du doigt", montrer. Etwas *bedeuten* avait donc d'abord un sens transitif : désigner quelque chose.

Ce que l'on n'entend plus, et qui n'en surprend que davantage, c'est que *deuten* a la même origine que *deutsch* – un adjectif dont nous avons dit déjà qu'il signifiait initialement : ce qui appartient au peuple. Cela nous permet de remonter à la signification première de *bedeuten* : (dé)montrer / faire comprendre quelque chose au peuple. C'était en effet la tâche des prêtres – des aînés – que d'interpréter le "résultat" des sacrifices, autrement dit la volonté divine.

Mais *bedeuten*, de verbe transitif, est (re)devenu intransitif. Je peux dire *das bedeutet einen Erfolg für uns* : cela signifie un succès pour nous ; mais je ne peux plus dire : *er bedeutet dieses Ereignis* : il interprète cet événement. Encore que, à bien écouter l'expression, elle se mette peu à peu à "parler", à laisser émerger son ancien sens.

Et la même chose se passe pour le substantif

die Bedeutung, qui porte encore en lui ce double sens de : signification, sens, acception (d'un terme) d'une part, et de : activité de désigner, de donner sens, *Be-deutung* d'autre part. Toutefois :

die Bedeutung signifie aussi : l'importance.

Dans la pratique courante de la langue, ces deux sens de *die Bedeutung* : signification / importance semblent être assez nettement distingués par le contexte, mais l'équivoque subsiste tout de même dans certains cas :

ein bedeutendes Ereignis est, certes, un événement important, mais qui est peut-être aussi lourd de signification, c'est-à-dire de conséquences ;

das ist hier nicht von Bedeutung : cela n'a pas d'importance / de poids ici, mais aussi : cela ne saurait signifier quelque chose dans ce contexte.

Voici quelques dérivés et composés :

    eindeutig ≠ zweideutig : univoque ≠ équivoque
    deutlich : net, distinct

etwas andeuten : faire allusion à quelque chose ; donner à entendre
auf etwas hindeuten : faire remarquer / attirer l'attention sur qqch
der Bedeutungsträger : le signifiant, litt. le porteur de sens

MEINEN

meinen : **penser, être d'avis, dire**
die Meinung : l'opinion, l'avis

A la différence de l'anglais, où l'on peut dire : *that means*, le verbe *meinen* exprime toujours la pensée, l'avis d'une personne. On ne peut donc pas dire : *das meint*, il faut dire : *das bedeutet* : cela signifie.

Le verbe *meinen* signifiait : *im Sinn haben* : avoir dans l'esprit – du lat. *mens* – et, partant : viser, mentionner, se souvenir, et aussi : aimer, une signification qui a survécu longtemps dans la langue poétique. En effet, *die Minne*, l'amour courtois, signifiait : objet de pensée, ce que l'on porte en son esprit et en son âme (*Gemuot, Gedanc*), ce dont on se souvient. L'anglais *mind*, mais aussi les mots français *mental, mentir, amnésie, dément* etc. sont de cette famille, issue du *mens* latin.

Aujourd'hui, le sens de *meinen* est certes différent, légèrement réduit, mais non sans nuances :

> *Das habe ich nicht so gemeint.* : Ce n'est pas ce que j'ai voulu dire.
> *Ich sage immer, was ich meine.* : Je dis toujours ce que je pense.
> *Das sehen wir noch, meinte er.* : On verra bien, dit-il.

BEGRIFF

der Begriff : **le concept, la notion**
Le substantif est dérivé du verbe
begreifen : 1. toucher, palper, 2. comprendre,
lui-même dérivé du verbe de base
greifen (griff, hat gegriffen) : prendre, saisir, toucher.

Comme c'est le cas pour *die Weltanschauung* : la conception du monde – mais littéralement : activité de regarder le monde –, *der Begriff* fait référence à une attitude, à un geste, et non à une pensée. Il s'agit d'abord de *be-greifen*, de palper de tous les côtés, de prendre dans ses mains, comme le suggère le "com-prendre" français. L'activité de *begreifen* est l'approche d'une chose, la reconnaissance de ses contours, avant d'être l'appréhension, puis la compréhension d'une idée.

Cette activité tâtonnante cesse à partir du moment où l'on nomme la chose. *Der Begriff* est donc véritablement la saisie, la prise, la capture. On dit bien que le mot tue la chose : car la chose ou l'idée, une fois *"auf den Begriff gebracht"* : nommée, conceptualisée, cesse d'être une virtualité. C'est comme ce galet dont le chatoiement nous émerveille et qui, sorti de l'eau, n'est plus qu'un vulgaire caillou gris, semblable à tant d'autres. Peut-être le mot allemand *Begriff* dit-il plus nettement que le vocable français "concept" la violence de cette capture, de cette saisie possessive d'un supposé ensemble, de cet enfermement dans un une-fois-pour-toutes. Car – et cette fois à la différence de *Weltanschauung* où, dans le substantif en -*ung*, le verbe continue d'agir –, *der Begriff* fait effet de couperet : assez tâtonné, on nomme !

C'est d'ailleurs bien plus pratique : la chose ainsi définie, empaquetée, peut enfin circuler – comme on dit que l'argent circule – et servir à toutes sortes d'échanges et de commerces...

Dans certaines expressions toutefois, *der Begriff* a une signification moins tranchée :

> *Du machst dir keinen Begriff davon* : Tu ne peux pas t'en faire une idée.
> *Er ist schwer von Begriff* : Il a du mal à saisir, il est un peu long à la détente.
> *Das übersteigt alle Begriffe* : Cela dépasse tout ce que l'on peut imaginer.
> *Ist dir das ein Begriff ?* : Est-ce que cela te dit quelque chose ?

DING / SACHE

das Ding : la chose

Das Ding est, à l'origine, quelque chose qui "a lieu", en l'occurrence un rassemblement, une réunion à dates fixes, et peu à peu plus précisément : un tribunal... Ce sens juridique s'est perdu – alors qu'en français, par exemple, à partir du lat. *causa*, se sont formés deux mots distincts : "la cause" et "la chose" –, mais nous pouvons encore en trouver la trace dans *die Bedingung* : la condition sine qua non – *aber nur unter der Bedingung, daß...* : mais à la seule condition que... –, et ses dérivés :

> *bedingen* : conditionner, exiger, causer
> *bedingt* : conditionnel, limité à (jur.)
> *bedingte Strafe* : peine avec sursis
> *sich verdingen* : s'engager, se louer – *als Handlanger* : comme manoeuvre, p. ex.
> *unbedingt* : absolument, à tout prix
> *das muß unbedingt erledigt werden* : cela doit impérativement être fait

Dans l'usage actuel, *das Ding* n'est pas "chose" au sens d'objet concret, matériel, nommable. On dit justement *Ding* quand on ne sait pas comment cela s'appelle, quand on ne nomme pas. Et quand KANT parle de "*das Ding an sich*", de "la chose en soi", il parle de transcendance, de métaphysique, donc du contraire d'un quelconque objet. Si, dans la langue courante, *das Ding* semble s'être réduit à un mot passe-partout, du genre "machin" ou "truc", il ne faut pas crier à la trahison, au contraire ! Etant par essence la chose non nommée, *das Ding* ne peut être qu'imprécis, tant pour les contours que pour le contenu de ce que, justement, il ne nomme pas :

> *Über solche Dinge spricht man nicht.* : On ne parle pas de ces choses-là.
> *die Dinge des Lebens* : les choses de la vie
> *Ich weiß nicht, was es war, ein ganz komisches Ding.* : Je ne sais pas ce que c'était, une chose tout à fait curieuse.
> *Herr Dingsda ; Frau Dingsda* : Monsieur Truc-Muche ; Madame Machin

die Sache : la chose, l'objet, l'affaire n'est donc pas synonyme de *das Ding*, bien qu'à l'origine, *die Sache* ait aussi été liée à des litiges, à des affaires juridiques. Mais le sens a évolué d'une autre manière. *Die Sache*, est davantage restée attachée au domaine juridique, comme en témoignent les substantifs

> *die Ursache* : la cause première, l'origine
> *der Widersacher* : l'adversaire
> *der Sachwalter* : le mandataire, l'avoué

mais cette "spécialisation" n'a pas empêché le mot de prendre des sens nuancés et multiples dans la langue courante :

Das ist deine Sache ! : c'est ton affaire !
Kommen wir zur Sache ! / Zur Sache ! : venons-en aux faits ! / (revenons) au sujet !
Ich war nicht bei der Sache. : Je n'ai pas suivi, j'avais la tête ailleurs.
die gute Sache : la bonne cause
Wo sind meine Turnsachen ? : Où sont mes affaires de gym ?
der Sachschaden : les dégâts matériels
seine Siebensachen packen : plier bagages, prendre ses cliques et ses claques
die Hauptsache : la chose essentielle, l'essentiel
das sächliche Geschlecht : le genre neutre (gr.)

der Gegenstand : la chose, l'objet. Littéralement, *der Gegen-stand* est ce qui se tient face à moi, mais aussi : ce qui s'oppose à moi, en tant que "chose" inanimée. Il s'agit donc bien d'un objet concret, que l'on peut toucher, posséder, poser, déplacer, etc. :

der Wertgegenstand : l'objet de valeur
Auf dem Bild sehen wir Menschen, Pflanzen und verschiedene Gegenstände. : Sur ce tableau nous voyons des personnes, des plantes et divers objets.

Mais *Gegenstand* s'emploie aussi au sens figuré :

Diese Frage war Gegenstand einer langen Diskussion : Cette question a fait l'objet d'une longue discussion.
Damit wird die Sache gegenstandslos. : De ce fait, l'affaire n'a plus d'objet / d'intérêt / de raison d'être.

das Objekt : l'objet, en grammaire : le complément d'objet, s'emploie essentiellement dans l'opposition et dans certains termes spécifiques :

Objekt ≠ Subjekt : objet ≠ sujet
objektiv ≠ subjektiv : objectif ≠ subjectif
die Objektsteuer : l'impôt sur le réel
das Objektprogramm : le programme généré (informatique)
ein preisgünstiges Objekt : une offre (d'achat d'un bien) avantageuse
die Objektliebe : l'amour objectal (psychanalyse)

Reprenons donc les quatre termes et tâchons de ne pas confondre les adjectifs :
dinglich : réel, dans l'ancien sens jur. de *dingliches Recht* : droit réel
sachlich : objectif, dans le sens de concret, se basant sur les faits

gegenständlich : objectif, dans le sens de matériel, palpable
objektiv : objectif, dans le sens d'impartial

UFHEBEN

auf/beben a trois significations bien distinctes :
1. **garder, conserver** : *Das heben wir für morgen auf.* : On gardera cela pour demain.
2. **annuler** : *Plus zwei minus zwei heben sich auf.* : Plus deux moins deux s'annulent.
3. **soulever** : *einen schweren Stein aufheben* : soulever une grosse pierre

Il est vrai qu'il s'agit là de trois mots distincts, dont la signification sans équivoque est donnée par le contexte. Un peu comme cela se passe en français pour les substantifs "la langue", "l'homme", "le souvenir", ... ou les verbes "paraître", "épargner", "élever"...

HEGEL cependant se sert de la polysémie de ce verbe pour "illustrer" en quelque sorte sa conception de **la dialectique**. L'antithèse n'annule pas la thèse, mais la conserve en lui enlevant seulement sa prétention d'être *la* vérité. Et la synthèse n'est ni une somme (où tout serait conservé), ni une réduction (par suppression), mais bien un acte de transformation, une élévation à un autre niveau, un tiers terme.

Ce qui fait dire au jeune Karl MARX : "Vous ne pouvez pas *aufheben* (élever, conserver et supprimer) la philosophie sans la réaliser." (cité par H. AHRENDT)

WEIFEL

der Zweifel : **le doute**
an etwas / jemandem zweifeln : douter de quelque chose / de quelqu'un

Le mot est intéressant parce que la première syllabe est bien *zwei* : deux, double, fendu. La deuxième syllabe, qui marque le degré de fréquence et dont on pourrait dire qu'elle correspond au français : fois (une fois, deux fois, tant de fois), se retrouve dans *die Einfalt* : la simplicité d'esprit, la naïveté, *die Vielfalt* : la multiplicité, ou encore dans le verbe *falten* : plier, plisser.

Der Zweifel exprime donc quelque chose de double, de clivé, alors que le vocable français "doute" exprime bien une hésitation, mais teintée d'inquiétude, si l'on en croit l'expression "redouter quelque chose". Mais le verbe français "douter" voulant aussi dire "supposer", il faut faire un peu attention. Car si l'on peut bien traduire "j'en doute" par *"ich zweifle daran"*, pour traduire "je m'en doute" il faut avoir recours à d'autres verbes : *"das kann ich mir denken"* ou *"ich ahne so etwas"*. *Zweifellos* ne veut donc pas dire : sans doute, mais : sans aucun doute ; et l'on traduira "sans doute" par *wahrscheinlich* : vraisemblablement.

Ce n'est pas fini. Le verbe

verzweifeln ne veut pas dire : cesser de douter, comme pourrait le suggérer le préfixe *ver-*, mais : désespérer ! C'est moins surprenant qu'il n'y paraît à première vue : car "cesser de douter", justement, n'est-ce pas la fin de tout espoir ? N'est-ce pas la fin de toute remise en question de ce qui est, au détriment de ce qui pourrait être ? *Verzweifeln* : cesser de douter, donc cesser d'espérer, cesser d'être vivant. Et c'est bien de cela que parle NIETZSCHE quand il dit : "Ce n'est pas le doute qui tue, mais la certitude."

Dans certains mots, *zwei* a gardé l'ancienne forme de *zwie* (-*i*- long) ou *zwi* (-*i*- bref), comme par exemple dans :

> *die Zwietracht* : la zizanie
> *der Zwiespalt* : la dissension, le conflit
> *zwiespältig* : divisé, partagé, ambigu
> *das Zwielicht* : le demi-jour, le faux-jour
> *der Zwitter* : l'hybride, l'androgyne
> *der Zwilling* : le jumeau

EISPIEL

***das Beispiel* : l'exemple, le modèle**

Aussi tentant que cela puisse paraître de voir en ce mot quelque chose qui "joue" – *spielen* : jouer – "à côté" (de la chose à dire, à illustrer) –, il s'agit non pas de *spielen*, mais de **spel* – angl. *to spell* –, c'est-à-dire de quelque chose qui s'énonce à côté.

Au Moyen Age, le terme – *bi-spel* – désignait encore une histoire instructive, propre à illustrer une thèse. Cette illustration pouvait être donnée par le biais d'un proverbe, d'une fable, ou encore d'une parabole. Elle était, en tout cas, un fait de parole : *bi-spel* : ce qui se dit à côté. L'illustration ne recouvre donc pas la chose à illustrer, ne la remplace pas, elle la met en évidence. Une fonction que Paul KLEE attribue aussi à l'art : *"Kunst gibt nicht das Sichtbare wieder, sondern macht sichtbar."* : "L'art ne reproduit pas le visible, il rend visible."

Ce n'est que par la suite que le mot *Beispiel* a pris une teinte "morale" dans le sens d'une attitude ou d'une action digne d'être imitée, dans le sens de "modèle à suivre". En français aussi, d'ailleurs, le mot "exemple" a ce double sens de modèle et d'illustration, mais à voir l'origine latine, on peut se demander si le sens de modèle, dans la langue française, n'a pas précédé celui d'illustration.

> *mit gutem Beispiel vorangehen* : donner l'exemple
> *ein beispielhaftes Verhalten* : une attitude exemplaire
> *sich an jemandem ein Beispiel nehmen* : prendre modèle sur quelqu'un
> *beispiellos* : sans pareil, sans précédent, inouï
> *zum Beispiel (z. B.)* : par exemple (p. ex.)

 UFGABE

die Aufgabe : 1. la tâche, le devoir 2. l'abandon

Le mot est un dérivé du verbe

auf/geben, qui a plusieurs sens :

1. donner à faire, à résoudre (*ein Rätsel aufgeben* : donner à résoudre une énigme),

2. abandonner, renoncer à (*ein Projekt aufgeben* : laisser tomber un projet ; *Er hat es aufgegeben, mich zu überzeugen* : Il a renoncé à me convaincre),

3. envoyer, poster (un colis, une lettre).

Quand Walter BENJAMIN intitule son essai sur la traduction : *"Die Aufgabe des Übersetzers"*, il semble bien vouloir parler à la fois de "la tâche" du traducteur, du poids de cette mission qui lui est "donnée à faire", et de "l'abandon" du traducteur, dans le double sens de son effacement devant le texte à traduire – il doit aussi respecter et traduire un style – et de ce qui est abandonné, perdu inévitablement, dans toute traduction.

La traduction française du titre par "La tâche du traducteur" semble à elle seule illustrer cette perte. Pourtant, comment traduire autrement ? Faudrait-il parler de "l'impossible mission..." ?

La question de savoir ce qu'est ou ce que devrait être la **traduction** n'est pas nouvelle, bien sûr. Et si, pour LEIBNITZ, KLOPSTOCK, HERDER, traduire était encore et surtout un moyen d'explorer les richesses de sa propre langue, que, pour les Romantiques et les Classiques, traduire était un acte créatif, la (re)création d'une œuvre d'art – *"Romantik ist übersetzen"*, disait BRENTANO –, si NIETZSCHE tâchait avant tout de rendre un rythme et un style – *"das Tempo des Stils"* –, certains traducteurs du XXe siècle semblent revenir à l'aspect artisanal, ou encore "scientifique" de la traduction qui privilégie la fidélité à la "lettre" et "ne recouvre pas l'original, mais le désigne" (BENJAMIN). D'autres préconisent une "technique" plus souple dont les outils les plus courants sont la transposition, la modulation et l'équivalence.

La **transposition** consiste à changer la fonction – adjectif, substantif, adverbe, verbe – d'un ou de plusieurs mots, à distribuer différemment le sens.

> *Sie schrie so laut sie konnte.* : Elle cria aussi fort qu'elle pouvait. – Elle cria de toutes ses forces.
>
> *Die Arbeiter möchten wissen, wo und wie lange sie arbeiten werden.* : Les ouvriers voudraient savoir où et combien de temps ils vont travailler. – Les ouvriers désireraient connaître le lieu et la durée de leur travail.

Une **modulation** est un changement de point de vue, d'éclairage, de symbole. Et il y a, d'une langue à l'autre, ce que l'on appelle les modulations obligatoires, "figées" :

> *die Lebensgefahr* : le danger de mort
> *sich das Leben nehmen* : se donner la mort
> *die Schublade* : le tiroir (litt. le "poussoir")
> *ganz zu schweigen von* : sans parler de (litt. en taisant tout à fait)
> *nicht zuletzt* : en premier lieu (litt. non en dernier).

Mais il y a aussi la possibilité de modulations "libres" qui consiste à changer de tonalité, à inverser les termes, tout en conservant le sens, bien sûr. Le traducteur se sert de la modulation soit pour une question d'euphonie ou de rythme, soit pour "compenser" une perte de relief inévitable dans une autre partie de la phrase ou du texte :

> *das ist absolut sicher* : c'est absolument sûr – cela ne fait aucun doute
> *das mag wohl stimmen* : il se peut que cela soit juste – ce n'est certes pas faux
> *das ist nicht ungefährlich* : ce n'est pas sans danger – cela comporte des risques
> *jeder weiß, daß...* : chacun sait que... – personne n'ignore que...

Devant une image ou une métaphore, le traducteur se trouve souvent contraint d'en changer, puisque la même n'existe que rarement dans la langue d'arrivée. Il prend alors la liberté de choisir dans le réservoir de sa langue une image adaptée au sens qu'elle doit illustrer. Mais comme cela n'est pas toujours possible – l'image devant convenir au contexte –, il est obligé de renoncer à l'image et de rendre seulement l'idée. Dans tous ces cas de figure, on parle d'**équivalence** :

> *das geht auf keine Kuhhaut* : litt. cela n'a pas la place, même sur une peau de vache – cela dépasse les bornes / c'en est trop / c'est scandaleux
> *die Kirche im Dorf lassen* : litt. laisser l'église au village – ne pas perdre le nord / garder l'objectif en vue / ne pas se perdre dans les détails

Traduire est donc véritablement *eine Aufgabe* : un devoir et un sacrifice, un *sacer*-doce, sacré et maudit. Mais que serions-nous, et que saurions-nous sans les traducteurs ?

> "Il n'est pas de religion, pas de doctrine, pas d'innovation dans l'ordre intellectuel – dit Marthe ROBERT dans son "Livre de lectures" – qui ne doive entièrement à la traduction ses chances d'expansion et son pouvoir de durer. (...) A cet égard, le traducteur n'est pas seulement le traître que dénonce le proverbe, il crée au moins autant qu'il ne trahit puisque aucune idée ne conquerrait le monde sans lui. Bien plus, il est créateur jusque dans ses pires trahisons, car les doctrines dont il est l'agent de transmission ne nous parviennent jamais que mêlées à ses erreurs..." (Grasset, 1977)

i

Lebens-Kunst

Art de vivre

"Die Kunst ist lang, das Leben kurz,..."
GOETHE, Wilhelm Meister

KUNST

die Kunst : l'art

"Kunst kommt von können" disent les Allemands, et cela semble doublement vrai. Car non seulement on peut dire que tout art est un savoir-faire, mais le substantif *Kunst* est effectivement un dérivé du verbe
können : pouvoir, savoir faire.

La raison pour laquelle *können* – comme les autres verbes dits "de modalité" – a perdu son présent reste obscure. Le présent singulier actuel – *ich kann, du kannst, er kann* – est en effet l'ancien prétérit, formé comme *ich kam, du kamst er kam* : je venais, par exemple. Et le verbe
kennen : connaître, est un factitif de *können* et voulait dire d'abord : faire savoir, faire connaître. Ce qui tend à prouver qu'initialement, *können* était bien davantage une question de connaissances que d'habileté.

En effet : jusqu'au XVIIIe siècle, *Kunst* était synonyme de *Gelehrsamkeit*, d'érudition, et si REUCHLIN a appelé Platon *"Schrein aller Künste"* : "reliquaire de tous les arts", ce ne fut pas pour nommer un artiste au sens actuel du mot, mais bien pour honorer un grand penseur.

Le classicisme allemand a ajouté à cette notion de "savoir" celle d'une sorte de grâce divine, d'inspiration, de créativité. Et SCHILLER tient à distinguer *Kunst* à la fois de *Fleiß* : assiduité, de *Geschicklichkeit* : habileté, et de *Wissen* : savoir.

Ce qui n'a pas empêché le verbe *können* d'évoluer dans le sens du "savoir faire" et l'on a même pu appeler la machine à vapeur *Feuerkunst*, et *Kunstgriff* le geste de l'artisan connaissant son métier, *seine Kunst*.

Aujourd'hui, le terme de *Kunst* s'applique généralement aux "beaux arts", mais il faut se méfier des dérivés et des composés. En effet : si *das Kunstwerk* est bien l'oeuvre d'art, *der Kunststoff* n'est pas quelque bois dont on fait des flûtes, mais beaucoup plus prosaïquement : la matière synthétique, le plastique !

Voici quelques autres exemples de ce double sens que véhicule le déterminant *Kunst-* aujourd'hui :

der Künstler : l'artiste
das Kunstwerk : l'œuvre d'art
die Kunstgalerie : la galerie d'art

der Kunststoff : la matière synthétique
der Kunstdünger : l'engrais chimique
der Kunsthonig : le miel artificiel
künstlerisch : artistique
künstlich : artificiel

das Kunststück : le tour d'adresse

Entendre dans ce mot davantage d'art et de savoir-faire que d'artifice et de tromperie ou l'inverse, est sans doute laissé à la libre appréciation du spectateur. Dans la langue courante, il s'agit plutôt d'un terme ironique, au point que la négation peut rester sous-entendue :

"Er hat die Stelle bekommen ? Kunststück ! Bei d e n Beziehungen !"
"Il a eu le poste ? Pas sorcier / Tu parles !, avec les relations qu'il a !

-A-C-H

B-A-C-H : Bach

Il s'agit bien du nom de cette illustre dynastie de musiciens dont l'activité artistique s'étend sur pas moins de trois siècles (du XVIe au XIXe) et dont le génie incontesté est Johann Sebastian BACH (1685 – 1750).

Mais il s'agit aussi de quatre notes, et l'on sait que Johann Sebastian BACH a fait de ces notes le contre-sujet de la 14e et dernière fugue de son "Art de la Fugue" – *"Die Kunst der Fuge"* –, une oeuvre où culmine et se résume en quelque sorte tout l'art du contrepoint. Cette dernière fugue est restée inachevée et Carl Philipp Emmanuel BACH, second fils of Johann Sebastian, nota sur le manuscrit : *"Ueber dieser Fuge, wo der Nahme B-A-C-H im Kontrasubjekt vorgebracht worden, ist der Verfaßer gestorben."* : "C'est en travaillant sur cette fugue, où le nom B-A-C-H est présenté en contre-sujet, qu'est mort l'auteur."

Il ne saurait évidemment être question, ici, de présenter la vie et l'oeuvre de BACH. Ni d'expliquer ce qu'est le contrepoint, voire la polyphonie, bien que ce soit un des miracles de la musique, puisqu'elle lie la rigueur la plus intransigeante à la liberté créatrice la plus prodigieuse ; puisqu'elle déjoue la linéarité de la musique homophonique et crée un "espace" musical, une verticalité qui semble abolir le temps.

Nous allons simplement, à propos de ce thème de fugue *b-a-c-h,* donner une petite terminologie musicale, très modeste.

Les notes :

c = do	*cis* = do dièse	(*ces* = do bémol	pron.. [tsé ; tsis ; tsés]
d = ré	*dis* = ré dièse	*des* = ré bémol	
e = mi	(*eis* = mi dièse)	*es* = mi bémol	pron. [é ; éïs ; és]
f = fa	*fis* = fa dièse	(*fes* = fa bémol)	
g = sol	*gis* = sol dièse	(*ges* = sol bémol)	
a = la	*ais* = la dièse	*as* = la bémol	
b = si	(*his* = si dièse)	*b* = si bémol	pron.. [ha ; bé]

das Kreuz = # = dièse
das b = *b* = bémol

der Schlüssel : la clé
der Violinschlüssel : la clé de sol
der Baßschlüssel : la clé de fa
der C-Schlüssel : la clé d'ut
Dur / Moll : majeur / mineur

"*Dur*" est le mode *"mit hartem Dreiklang"* : avec l'accord "dur", la tierce majeure, *Moll* le mode *"mit weichem Dreiklang"* : avec l'accord "doux", la tierce mineure.

On assiste ici un va-et-vient assez amusant entre les langues. Car le français a gardé de la sonorité douce – molle – son "bémol" qui abaisse le ton d'un demi-ton, mais utilise pour dire l'élévation d'un demi-ton le mot "dièse" qui vient du grec *diesis* signifiant tout simplement : intervalle.

Pour les intervalles justement – *das Intervall* –, ils sont du genre féminin et, à quelques détails d'orthographe près, portent en allemand les mêmes noms qu'en français :

Prim – Sekund(e) – Terz – Quart – Quint – Sext – Semtim(e) – Oktave
groß / klein / übermäßig / vermindert : majeur / mineur / augmenté / diminué
eine kleine Terz (a - c), *eine übermäßige Quart* (f - h), *eine verminderte Quint* (h - f)

Ajoutons encore :

die Tonika : la tonique
die Dominante : la dominante
die Subdominante : la subdominante

der Leitton : la sensible, litt. : le son qui mène vers
der Grundton : le son fondamental
die Obertöne : les harmoniques

Nous voilà armés pour, au moins, identifier immédiatement *die h-Moll-Messe* ; *die B-Dur-Sonate* ; *den cis-Moll-Walzer*, pour "entendre" le nom de B-A-C-H dans l'Art de la Fugue (BWV 1080 ; *BWV* : *Bach-Werke-Verzeichnis* : registre des Oeuvres de Bach), ou pour faire un peu de *Hausmusik*, de musique en famille ou entre amis, en Allemagne. Car la pratique de la musique est une chose très répandue Outre-Rhin, et les Allemands réputés si pointilleux et perfectionnistes sont capables d'exécuter au pied levé et avec les instruments ou les voix disponibles, de petites et de moins petites œuvres, sans que le respect de la musique soit altéré par les imperfections. Ce plaisir de "faire" de la musique est vraiment très vivant, non seulement dans les foyers, mais aussi dans les écoles, et il n'est pas de collège ou de lycée digne de ce nom qui n'ait sa chorale et son orchestre.

Musiciens, les Allemands ? Oui. Mais c'est un peu comme pour le don des langues : ce n'est pas parce que les Allemands et les Autrichiens sont musiciens qu'ils aiment faire de la musique, c'est parce qu'ils font de la musique qu'ils sont musiciens...

ROKOKO

***das Rokoko* : le rococo**

Rokoko est le nom donné à un style architectural qui suit la période baroque et qu'en France on appelle communément "style Louis XV", préférant cette appellation à "rococo", quelque peu péjoratif et peu employé. *Rokoko* n'est pas, comme on pourrait le croire, un diminutif ou une sorte de boursouflure de *"Barock"* – un mot qui, lui, vient du portugais *barocco* et désigne dans cette langue une perle imparfaite, de forme irrégulière, bizarre. Le terme "rococo" est un dérivé de "rocaille" et s'appliquait d'abord, au XVIIe siècle, à une certaine décoration des grottes et des jardins à motifs de coquilles.

Le style rococo proprement dit a certes ses représentants en France et en Italie – surtout pour la peinture : WATTEAU, FRAGONARD, TIEPOLO –, mais c'est en Allemagne qu'il a connu son épanouissement. Et ce, non seulement en architecture. La littérature galante des *"Anakreontiker"* – d'après le nom du poète grec ANACRÉON qui chantait l'amour et les plaisirs de la vie, et dont Christoph Martin WIELAND (1733-1813) est certainement le représentant le plus connu –, le mobilier, les porcelaines, les sculptures de l'époque, la légèreté gracieuse de certaines oeuvres de HAYDN et de MOZART, participent tout à fait de ce courant.

Quant à l'architecture, l'Allemagne possède de véritables joyaux rococo, tels que le *"Zwinger"* de Dresde – nom donné d'abord à l'ensemble des galeries et des pavillons entourant le château, et aujourd'hui musée d'art –, ou encore *"Sanssouci"*, le château des rois de Prusse à Potsdam, près de Berlin.

ANSSOUCI

Sanssouci : nom du château des Rois de Prusse à Potsdam, un des exemples les plus représentatifs du style rococo allemand, édifié en 1745 par l'architecte KNOBELSDORFF, selon les plans de Frédéric le Grand lui-même.

Le nom français de ce château n'a rien d'étonnant pour qui sait que Frédéric le Grand, grand amateur et connaisseur d'art, s'entourait volontiers de "beaux esprits" et parlait mieux le français que l'allemand. Lui-même avouait : *"Je ne suis pas fort en allemand"* et on dit de son épouse, Elisabeth Christine, qu'elle était incapable d'orthographier correctement le moindre mot allemand. Mais il suffit de lire n'importe quel décret du Roi – en fait, pas n'importe lequel, justement, mais même celui, si important, relatif à la tolérance religieuse – pour se rendre compte que l'allemand du Grand Frédéric n'était guère plus brillant !

> *"Die Religionen Müsen alle Tolleriret werden, und Mus der Fiscal nuhr das Auge darauf haben, das Keine der anderen abrug Tube, den hier mus ein jeder nach seiner Fasson Selich werden."*
>
> *"Die Religionen müssen alle toleriert werden, der Fiscal muß nur das Auge darauf richten, daß keine der andern Abbruch tue, denn hier muß ein jeder nach seiner Fasson selig werden."*

"Toutes les religions doivent être tolérées et les autorités administratives devront seulement veiller à ce qu'aucune ne cause de tort à l'autre, car ici, chacun doit pouvoir trouver la félicité à sa manière."

La nièce du Roi, Denise, dit de lui : *"Er ist ein französischer Autor, der in Berlin geboren wurde"* : "C'est un auteur français né à Berlin", et VOLTAIRE, dont Frédéric appréciait beaucoup la compagnie comme on sait, ne manqua pas de faire cette remarque un peu ironique :"Sa Majesté est le seul étranger parmi nous", ou d'écrire à un ami qu'à Sanssouci, il se sentait comme en France : "On parle exclusivement notre langue. L'allemand est pour les soldats et les chevaux."

Ce en quoi VOLTAIRE se trompait tout de même un peu. Durant deux siècles, **la langue française** était, certes, la langue des Cours et de l'élite intellectuelle de toute l'Europe, mais elle a également pénétré le parler de la population allemande, notamment berlinoise. Pour des raisons autres que mondaines, il est vrai. La Prusse a en effet connu deux "vagues" d'immigration : celle des Huguenots, dès 1685 – on dit qu'à la fin du XVIIe siècle, un Berlinois sur cinq était Français – et celle des émigrés de la Révolution française. Ces réfugiés avaient leur propre église – la Cathédrale française sur le *"Gens d'armes Markt"* – leur propre hôpital, leur théâtre, leur école – le *"Collège Français"* –, sans parler des *"Café Royal"*, *"Café National"*, *"Café impérial"* etc., où l'on pouvait manger *"à la carte"* des spécialités berlinoises appelées *Bulette, Kompott, Omelett, Pürree, Karotten, Filet, Haschee*...

Et comme c'est aujourd'hui le cas pour la guerre contre les anglicismes, il ne manqua pas, à l'époque, de cris d'alarme ou de caricatures douces-amères devant cette invasion d'une langue mettant en péril l'idiome national. Ainsi, dès 1689, Hans LUDWIG s'insurge :

> *" Heute muß alles französisch sein ; wer nicht französisch kann, kommt zu Hofe nicht an. (...) Die teutsche Sprache kommt ab, eine andere schleicht sich ein ; wer nicht Französisch redet, der muß ein Dummkopf sein."* (in :"Altberliner Bilderbogen")

> "Aujourd'hui, tout doit être français ; qui ne sait pas le français n'a aucune chance à la Cour. (...) La langue allemande disparaît, une autre, sournoisement, s'infiltre ; qui ne parle pas le français passe pour un imbécile."

Mais également LESSING, dans la scène avec Riccaut de la Marlinière - *"Minna von Barnhelm"* – ou, plus tard, E.T.A. HOFFMANN, dans sa nouvelle *"Des Vetters Eckfenster"* donnent un témoignage de cette "francomanie". Et LESSING, justement, un des plus grands esprits de son époque, n'a jamais réussi à obtenir un poste de fonctionnaire d'État, et ce malgré les interventions d'un colonel huguenot en sa faveur : *"Der König will keine Deutschen, er kann nur Franzosen in seinen Diensten gebrauchen."* : "Le Roi ne veut pas d'Allemands, il n'a besoin que de Français à son service."

Nous savons que la langue allemande n'est pas morte pour autant, au contraire... (voir STURM UND DRANG)

BIEDERMEIER

das "Biedermeier" : le Biedermeier

Le Biedermeier est un style, une manière de vivre, une certaine mentalité, et qui n'ont été ainsi nommés qu'après-coup. En effet, alors que l'on peut dater l'époque *Biedermeier* entre le lendemain du Congrès de Vienne (1815) et la révolution de 1848, le nom *Biedermeier* apparaît pour la première fois en 1850 seulement, sous la plume de Ludwig EICHRODT qui, dans un journal satirique, présente le personnage de *Gottlieb BIEDERMEIER*, prototype du brave petit-bourgeois. L'adjectif

bieder est difficilement traduisible par un seul terme, car aussi "honnête", "digne", "brave" et "loyale" que puisse être la personne ainsi qualifiée, l'ironie n'est jamais absente puisque, avant tout, c'est lui-même qui se prend pour tel, sincèrement, honnêtement. Si bien que *bieder* peut signifier jusqu'à *einfältig* : niais, naïf, simplet. Beaucoup plus près de nous, Max FRISCH, dans sa pièce *"Biedermann und die Brandstifter"* (1958), s'est servi de ce mot pour nommer le personnage principal : un homme qui, crédule, serviable et soucieux de bien faire, aide lui-même des incendiaires à mettre le feu à sa propre maison, sans se rendre compte qu'il est manipulé, qu'il participe activement à son propre malheur. Et si FRISCH dénonce surtout les dangers d'un tel comportement, *ein Biedermann* est, dans la langue courante, plutôt le type même du petit-bourgeois toujours un peu vieux-jeu, un peu étriqué, et tellement soucieux d'être "comme il faut" qu'il en devient touchant – ou ridicule.

Mais revenons au style nommé *Biedermeier*, contemporain du style "Restauration" et "Louis Philippe" en France. Il s'agit essentiellement d'un type de mobilier, robuste, rationnel et confortable, dont la caractéristique serait l'absence totale de – style, justement, parfois aussi l'absence de goût. Finis les salons guindés qui ne servent que trois fois par an, on veut une *"Wohnstube"*, une pièce chaleureuse et douillette, aux sièges bien rembourrés, à la table centrale accueillante, aux petits meubles pratiques, et encombrée de bibelots de tout genre.

Pourtant : cette *Gemütlichkeit* simple et insouciante ne doit pas nous tromper sur l'arrière-fond historique et politique. En effet, après les années de guerre ruineuse, la simplicité était une nécessité avant d'être une mode. Et puis, c'était bien la "Restauration" : il fallait dompter tout ce que la Révolution française avait fait naître d'espoirs de "liberté – égalité – fraternité", un feu mal éteint qui risquait de reprendre. N'avait-il pas "reflambé" au sens propre du terme, à la fameuse *"Wartburgfest"*, ce vaste rassemblement patriotique en 1817, où une jeunesse contestataire a effectivement brûlé des écrits réactionnaires ? Contre cette "fête" – doublement symbolique puisqu'elle rappelait, pour la date, la victoire sur Napoléon lors de la bataille de Leipzig, et pour le lieu, cette Wartburg où le grand réformateur avait trouvé refuge et traduit le Nouveau Testament – contre cette flambée nationaliste, donc, contre tout ce qui pouvait menacer la paix, l'ordre et l'harmonie, METTERNICH n'y avait pas été par quatre chemins : il réunit, à Karlsbad, les ministres des principaux États allemands, entreprit une poursuite en règle des libéraux – action qu'il appela lui-même *"Demagogenverfolgung"* –, fit contrôler les Universités, instaura la censure de la presse et alla jusqu'à faire interdire tout "rassemblement" de plus de trois personnes dans la rue...

Le Biedermeier est donc aussi l'expression d'un mode de vie que l'on n'a pas forcément choisi au départ : repli sur la sphère privée et intime, sur les petites joies de la vie de tous les jours, dont les tableaux de RICHTER, de Moritz von SCHWIND – illustrateur de contes – et de Carl SPITZWEG – *"Der arme Poet"*, *"Der Liebesbrief"* – donnent un témoignage à la fois touchant et gentiment ironique.

Mais tout est affaire de mots. Cette période apparemment si paisible du *Biedermeier* porte un autre nom :

der Vormärz : litt. "l'avant-mars" – c'est-à-dire la période qui précède la révolution de mars 1848 –, et on semble parler, alors, d'une autre Allemagne. De celle, prérévolutionnaire, du mouvement *"Junges Deutschland"*, qui regroupa des poètes comme Heinrich HEINE, Ludwig BÖRNE, Georg BÜCHNER, et qui protestait avec force contre tout esprit réactionnaire. Ce qui leur valut l'exil, mais n'empêcha pas les idées révolutionnaires de progresser. En 1848, Richard WAGNER – âgé alors de 35 ans – se battra sur les barricades de Dresde, et Karl MARX publiera *"Das Kommunistische Manifest"*.

UGENDSTIL

der Jugendstil : Art nouveau, Liberty

Notre propos n'est pas de présenter ce style, dont la redécouverte en France doit sans doute beaucoup à l'exposition PARIS – VIENNE, en 1986 au Centre Georges Pompidou, et qui, sous des noms divers et avec des accents différents d'un pays à l'autre, est un "phénomène" commun à toute la sphère culturelle occidentale, y compris les États-Unis.

Et c'est bien là une des particularités du *Jugendstil* : cette simultanéité – les vingt années qui précèdent la Première Guerre mondiale –, d'un mouvement de pensée et de son expression artistique au-delà des frontières et des intérêts nationaux. Le fait que chaque pays, chaque langue ait donné "son nom" à ce style en est peut-être une preuve : cela s'est produit partout à la fois, il ne s'agissait pas d'influences passant d'un pays à l'autre dans le temps, mais d'une sorte d'effet kaléidoscopique.

On pourrait, d'ailleurs, allonger la liste des noms donnés à ce style : *"style métro"*, *"style nouille"*, *"yachting style"*, *"style modernista"*, *"Modern style"* *"Secession"*...

L'appellation *"Jugendstil"* : litt. style de jeunesse, vient du nom d'une revue fondée à Munich en 1896 et appelé *"Jugend"*. L'appellation *"Liberty"* vient du nom d'une maison d'import-export anglaise, fondée en 1875 par Arthur Lasenby LIBERTY et qui, à la fin du siècle dernier, vendait des bijoux et autres articles *"arts and crafts"* en Italie. *"Art nouveau"* était le nom d'une boutique ouverte par l'Allemand Samuel BING à Paris. Il y vendait du mobilier, des tapisseries, des objets décoratifs "avant-garde". Et *"style métro"* fait évidemment référence à Hector GUIMARD.

Quant à l'appellation *"Sezession"*, ou plus précisément la *"Wiener Sezession"* fondée par Gustav KLIMT en 1897, le nom fait référence aux expositions d'avant-garde, à Vienne, elles aussi en rupture complète avec le "mauvais goût" ambiant. Les noms de Otto WAGNER, de Joseph HOFFMANN, de Gustav KLIMT, mais aussi celui de la *"Wiener Werkstätte"* sont liés à la variante spécifiquement autrichienne du *Jugendstil*. Le pavillon d'exposition, construit à Vienne en 1888 par J. OLBRICH, lui-même un très bel exemple de ce style, porte au-dessus de l'entrée la devise : *"Der Zeit ihre Kunst, der Kunst ihre Freiheit"* – "à chaque époque son art, à tout art sa liberté". On peut penser que ce pavillon n'a pas trouvé, à l'époque, l'approbation générale de la population, puisque les Viennois l'ont affublé du surnom de *"Krauthappl"* – tête de chou –, à cause de sa coupole en feuilles de bronze, certes, mais peut-être surtout à cause de sa "modernité" choquante. Il faut cependant se méfier des conclusions trop hâtives : les Autrichiens – est-ce une forme de pudeur ? – donnent souvent des surnoms moqueurs à ce qu'ils aiment le plus. Robert MUSIL, dans son roman "L'homme sans qualités", n'appelle-t-il pas l'Autriche d'alors *"Kakanien"*, la "Cacanie" ?

KAKANIEN

Kakanien : la Cacanie

Kakanien, ce "pays disparu" dont Robert MUSIL nous parle dans son roman monumental *"Der Mann ohne Eigenschaften"* : "L'homme sans qualités", tient son nom – inventé par l'auteur – des initiales de la *"Kaiserliche und Königliche Monarchie"* : la monarchie impériale et royale. L'oeuvre dans son ensemble est une sorte d'utopie critique où l'auteur, du point de vue extérieur où il se place, scrute et dénonce les incohérences, les fêlures, les fausses vérités d'un monde dont même les apparences commencent à s'effriter. Quel pays mieux que l'Autriche du début de notre siècle, à la fois mourante et si féconde, pouvait servir de toile de fond à cette oeuvre lucide et ironique, à cette "vivisection" de notre monde ?

> *"...Überhaupt, wie vieles Merkwürdige ließe sich über dieses versunkene Kakanien sagen ! Es war zum Beispiel kaiserlich-königlich und war kaiserlich und königlich ; eines der beiden Zeichen k.k. oder k.u.k. trug dort jede Sache und Person, aber es bedurfte trotzdem einer Geheimwissenschaft, um immer sicher unterscheiden zu können, welche Einrichtungen und Menschen k.k. und welche k.u.k. zu rufen waren. Es*

> *nannte sich schriftlich Österreich-Ungarische Monarchie und ließ sich mündlich Österreich rufen. (...) Man handelte in diesem Land – und mitunter bis zu den höchsten Graden der Leidenschaft und ihren Folgen – immer anders als man dachte, oder dachte anders, als man handelte. Unkundige Beobachter haben das für Liebenswürdigkeit oder gar für Schwäche des ihrer Meinung nach österreichischen Charakters gehalten. Aber das war falsch. (...) Es war, ohne daß die Welt es schon wußte, der fortgeschrittenste Staat ; es war ein Staat, der sich selbst irgendwie nur noch mitmachte (...) Ja, es war, trotz vielem, was dagegen spricht, Kakanien vielleicht doch ein Land für Genies ; und wahrscheinlich ist es daran auch zugrunde gegangen."*

Robert MUSIL, "Der Mann ohne Eigenschaften" (1952) I, 8

> "... Sur cette Cacanie, maintenant engloutie, que de choses curieuses seraient à dire ! Elle était, par exemple, *kaiserlich-königlich* (impériale-royale) et aussi bien *kaiserlich und königlich* (impériale et royale) ; il n'était chose ni personne qui ne fût affectée là-bas de l'un de ces deux sigles, *k.k.* ou *k.u.k.* ; il n'en fallait pas moins disposer d'une science secrète pour pouvoir décider à coup sûr quelles institutions et quels hommes pouvaient être dits *k.k.* et quels autres *k.u.k.* Elle s'appelait, par écrit, Monarchie austro-hongroise, et se faisait appeler, oralement, l'Autriche. (...) En ce pays (et parfois jusqu'au plus haut point de passion, et jusque dans ses extrêmes conséquences), on agissait toujours autrement qu'on ne pensait, ou on pensait autrement qu'on n'agissait. Des observateurs mal informés ont pris cela pour du charme, ou même pour une faiblesse de ce qu'ils croyaient être le caractère autrichien. C'était faux. (...) [La Cacanie], sans que le monde le sût encore, s'affirmait l'État le plus avancé ; c'était un État qui ne subsistait plus que par la force de l'habitude (...). Oui, la Cacanie était peut-être, après tout, un pays pour génies ; et sans doute fut-ce aussi sa ruine."

(Traduction : Philippe JACCOTTET, Éditions du Seuil)

"Un pays pour génies", en effet. Et dans tous les domaines : la littérature, la science, la philosophie, la musique, la peinture, l'architecture,... – Franz **KAFKA**, Stefan **ZWEIG**, Joseph **ROTH**, Hugo von **HOFMANNSTHAL**, Arthur **SCHNITZLER**, Karl **KRAUS**, Rainer Maria **RILKE**, Sigmund **FREUD**, Alfred **ADLER**, Ludwig **WITTGENSTEIN**, Hugo **WOLF**, Gustav **MAHLER**, Richard **STRAUSS**, Arnold **SCHÖNBERG**, Gustav **KLIMT**, Egon **SCHIELE**, Oskar **KOKOSCHKA**, Adolf **LOOS**, Otto **WAGNER**, Joseph **HOFFMANN**, ... – la liste, toujours, est incomplète.

Mais est-ce vraiment cette prodigieuse richesse qui "fut aussi la ruine" de ce pays ? N'est-ce pas plutôt le fait qu'il était trop tard pour que ces génies soient entendus ? En période de déclin, on préfère les valses aux prophètes, toujours, et sans doute partout. Et ce crie exaspéré de Gustav MAHLER : *"Muß man in diesem Land immer erst tot sein, damit sie einen leben lassen ?!"* – "Faut-il, dans ce pays toujours être déjà mort pour qu'on vous permette de vivre ?!" ne vaut peut-être pas que pour la Cacanie...

AUHAUS

Le "**Bauhaus**" : école d'architecture et de dessin, mais aussi symbole d'une pensée et d'une pratique qui, à la différence de l'art "fin de siècle" que fut le *Jugendstil*, avait la fulgurance féconde d'une innovation radicale. Exclusivement allemande au départ, l'école du *Bauhaus* passe pour être à l'origine de toute notre architecture moderne, et de tout ce qui peut s'appeler "design" aujourd'hui.

Le Bauhaus fut fondé en 1919 par l'architecte Walter GROPIUS, dans l'optique d'un enseignement de l'architecture et du bâtiment : d'où son nom, qui provient des anciennes *"Bauhütten"*, des corporations médiévales de constructeurs, d'artisans et d'artistes qui travaillaient en étroite collaboration. Résolu à se mettre au diapason de l'époque moderne et de la production de série, GROPIUS avait de l'architecture de l'avenir l'idée d'un art où architecture, peinture et sculpture ne feraient qu'un. C'est ainsi que dans son école furent formés des artisans-designers qui, en contact étroit avec l'industrie, allaient allier beauté et technique et innover dans un domaine qui allait frayer la voie à toute l'architecture du XXe siècle : annuler autant que possible les parois pleines, utiliser le verre, mettre en évidence les structures portantes, alléger. Le bâtiment de la nouvelle école du *Bauhaus*, construit à *Dessau* après la fermeture du *Staatliches Bauhaus Weimar* à laquelle GROPIUS fut contraint en 1925, est lui-même une illustration de cette beauté sobre et rigoureusement fonctionnelle par laquelle l'école innove, surprend, et séduit.

Des artistes de renom enseignent à l'école, Paul KLEE et Vassily KANDINSKY, entre autres. Il y a des ateliers de travail du bois, du métal, du verre, de la peinture murale et sur soie, des séminaires sur la couleur, sur les problèmes plastiques, le dessin analytique..., et tout enseignant, à côté de ses cours théoriques, dirige aussi des travaux pratiques.

En dépit de cette profusion d'idées et d'activités, ou peut-être à cause d'elle, des difficultés internes surgirent entre les partisans de différentes tendances : constructivistes contre expressionnistes, défenseurs d'un art élémentaire à tendance mystique contre fonctionnalistes inconditionnels... Mais la véritable menace venait de l'extérieur : obligée, en 1932, sous la pression national-socialiste, de quitter Dessau pour Berlin, l'école fut interdite et définitivement fermée l'année suivante par ce même parti, entre-temps au pouvoir, et qui justifia cette mesure radicale en décrétant qu'il s'agissait là d'un "centre de diffusion du bolchevisme".

Cette fermeture brutale de l'école fut, certes, une des causes de son rayonnement international : KANDINSKY alla s'établir en France, KLEE retourna en Suisse, GROPIUS et d'autres émigrèrent aux États-Unis où le décorateur de théâtre et designer MOHOLY-NAGY créa en 1937 le *"New Bauhaus"*, à Chicago. Il n'en reste pas moins que l'esprit audacieux de cette école du Bauhaus avait réussi, en moins de quinze ans, à modifier sur des points décisifs et irréversibles le paysage architectural voire culturel de tout notre XXe siècle.

ERFREMDUNGSEFFEKT

der "Verfremdungseffekt" : "l'effet de distanciation"

Ce terme – on dit aussi *V-effekt*, pron. [fao-éfekt] – est inévitablement associé au nom de **Bertolt BRECHT** (1898-1956). Et il est vrai que "l'effet de distanciation" est un des concepts-clé de ses écrits théoriques sur le théâtre.

Regardons le mot, d'abord :

die Verfremdung, de l'adjectif *fremd* : étranger, inconnu, auquel le préfixe *ver-* donne ici la possibilité de devenir verbe – *verfremden* : rendre étranger –, et ajoute la nuance d'un déplacement (cf. *versetzen* : déplacer). *Die Verfremdung* produit donc l'effet de (re)donner à une chose connue ou familière son étrangeté, parce que nous la regardons autrement, parce que notre regard s'est "déplacé" en le regardant autrement, ou en le regardant à distance.

Mais BRECHT donne au terme des contours plus précis. En effet, *"Verfremdung"* est chez lui le terme opposé à *"Identifizierung"*, si bien que l'on en est arrivé, en français, à proposer l'antonymie : identification ≠ distanciation.

Et l'on dit que BRECHT a révolutionné le théâtre avec cet ensemble d'effets de scène et de jeu qui ont pour but d'empêcher le spectateur de s'identifier au héros de la pièce, et d'éviter qu'il ne soit que simple consommateur d'un théâtre qui lui fait passer un moment agréable – "culinaire" dit BRECHT – en le faisant rire ou pleurer.

Or, BRECHT a non seulement dit expressément que ses théories étaient "beaucoup plus naïves qu'on ne pense", mais il ne les a jamais déclarées particulièrement originales. BRECHT était, certes, un marxiste engagé, un être de révolte et de clairvoyance ; mais il était aussi un homme d'action, et surtout un homme de la pratique – chose qu'oublient trop souvent ceux qui ne voient en lui que le théoricien et s'emparent de ses concepts avant d'avoir vu ses pièces. Car ce n'est pas – comme malheureusement le suggère son propre terme de *"nicht-aristotelisches Theater"* – contre le théâtre de tous les temps qu'il s'est insurgé, mais contre celui qu'il avait trouvé et vu dans l'Allemagne des années vingt !

BRECHT a dénoncé d'abord cette simple mondanité qu'était le fait d'aller au théâtre à l'époque. Chaque ville avait son théâtre, et "on" allait au théâtre parce que cela faisait partie du rituel d'un être "cultivé" ou qui se voulait tel. Il s'est révolté ensuite contre les conventions d'un *"Illusionstheater"* qui faisait, certes, partager au spectateur tous les états d'âme des protagonistes, mais ne lui apprenait rien. De plus, ces "illusions" étaient essentiellement dues, à l'époque, aux possibilités techniques de mise en scène utilisées à outrance – éclairages, scène tournante, trappes, coulisses descendues des cintres, fumigènes etc. –, si bien qu'elles n'embrumaient pas seulement la scène, mais aussi le texte et les têtes. Il fallait impérativement changer de direction – une nécessité que l'on peut comparer à celle survenue dans la peinture où, une fois la perfection de l'imitation fidèle de la "nature" atteinte et indépassable, il fallait changer de palette, éclater les objets, quitter le figuratif.

Le changement de direction que BRECHT allait revendiquer et réaliser s'est donc imposé par rapport à la conception naturaliste du théâtre de son époque, un théâtre que BRECHT appelle "théâtre dramatique". Car avant cette période, le théâtre, de tout temps, avait été un théâtre déictique, où chaque moment était un "effet de distanciation" : les choeurs antiques, les acteurs exclusivement masculins, les masques, les indications de lieu par écriteaux, les voix déclamant le texte, les acteurs présents sur scène mais absents de l'action, le public debout, déambulant, intervenant par des remarques critiques ou approbatrices, etc. Avant le théâtre naturaliste que BRECHT dénonce, le spectateur savait donc à tout moment que des "acteurs" disaient un "texte". Et certes, le théâtre aristotélicien avait pour but que le spectateur soit ému, qu'il éprouve de la pitié ou de la peur, mais cette émotion devait le conduire à une réflexion, à une "purification" (catharsis).

Ce que BRECHT reprochait au théâtre de son époque, c'est qu'il rendît le public incapable de réfléchir – *mitdenken*, puis *nachdenken* –, hypnotisé qu'il était, dans uns salle obscure, par les personnages, et agité seulement par la question de savoir si le héros allait s'en sortir ou pas. Ce public-là quittait peut-être lui aussi le théâtre en larmes, mais il n'avait rien appris, et rien ne changeait, ni en lui, ni autour de lui. C'est par rapport à cet *Illusionstheater* qu'il faut comprendre la maxime brechtienne : "l'important n'est pas ce que le théâtre fait, mais ce qu'il fait faire".

BRECHT (ré)introduit donc cette fameuse "distanciation" par le moyen de banderoles présentées sur scène, de remarques d'un acteur sur son rôle ou sur le jeu d'un collègue, de changements de décor à vue, de l'interprétation de plusieurs petits rôles par un même acteur reconnaissable comme tel, de changements de distribution d'une représentation à l'autre, etc. Et il appelle son théâtre *"episches Theater"* – "théâtre épique" – autre terme-clé et autre aspect de la *"Verfremdung"* –, parce qu'il présente une histoire nettement située dans un lieu et un temps précis, une histoire dont la fin est connue de tous ou est révélée par anticipation, un théâtre qui fait un "récit", qui raconte, qui informe. Un théâtre, aussi, qui permet au spectateur de se rendre compte qu'un fait est toujours et obligatoirement présenté à partir d'un certain "point de vue", une vérité que BRECHT tend à concrétiser en projetant, par exemple, la scène jouée simultanément sur un écran, mais prise ou vue sous un autre angle. Dans cet ordre d'idées, il tient aussi à faire comprendre au public qu'un "caractère" n'est pas une propriété que l'on "a", une fois pour toutes, mais que le théâtre lui montre un personnage qui, à tel moment et dans telles circonstances, agit de telle manière. L'exigence de distanciation vaut donc aussi pour l'acteur : que l'on dise d'un comédien : "Il ne jouait pas Lear, il était Lear." n'est nullement, pour BRECHT, un compliment – au contraire !

Un autre souci de BRECHT, et autre "effet" de la distanciation : rendre le spectateur capable d'étonnement. Que sa réaction ne soit pas : "ah, c'est exactement ça, c'est comme moi, je connais bien ça...", mais : "ah, je n'aurais pas pensé cela, c'est inouï, c'est à peine croyable.. !". Car les grandes découvertes, dit BRECHT encore, ont toujours été faites par des hommes qui ont su regarder le connu avec un regard neuf, ou naïf si l'on préfère – un regard capable d'étonnement à la vue d'une pomme qui tombe (NEWTON), ou d'un lustre qui tremble (GALILÉE)...

N.B. Un terme linguistiquement très proche de *Verfremdung*, mais lié, lui, à HEGEL et MARX, est

die Entfremdung : l'aliénation, dans l'acception de : cesser de s'appartenir, être dans un état de dépendance par rapport à un être ou une donnée extérieure, cesser d'être "sujet". Dans la langue courante actuelle, le verbe *entfremden* a cependant un sens plus atténué :

> *ich habe mich ihm entfremdet* : je suis devenu un étranger pour lui
> *sie sind einander entfremdet* : ils sont devenus étrangers l'un pour l'autre
> *eine Sache ihrem Zweck entfremden* : utiliser une chose à des fins autres que celles auxquelles elle était destinée

APFENSTREICH

der Zapfenstreich : le couvre-feu
den Zapfenstreich blasen : sonner la retraite.

C'est un terme qui éveille la curiosité, puisqu'on est en droit de se demander ce que ce mot, peu compréhensible quand on se met à le regarder de plus près – *der Zapfen* : le bouchon, *der Streich* : la farce, le coup –, peut bien avoir à faire avec un son de trompette. Car c'est sans doute la première association qui vient à l'esprit d'un Allemand en entendant ce mot, et certains pensent peut-être même à Montgomery Clift dans "Tant qu'il y aura des hommes" (titre allemand : *"Verdammt in alle Ewigkeit "*)

Or, s'il est bien question de bouchon – ou plus précisément de "bondon" – et de "coup", c'est qu'à l'origine, ce fut le coup frappé sur le bondon pour boucher le fût, en fin de journée. Assez bu pour aujourd'hui, on ferme !

Consigne particulièrement difficile à faire respecter parmi des soldats en temps de guerre, et d'autant plus peut-être quand il s'agissait de mercenaires

– *Söldner* –, à la solde du plus offrant et peu préoccupés par l'évolution des hostilités. C'est ainsi que pendant la Guerre de Trente ans (1618-1648), Wallenstein, chef d'une armée de mercenaires en Bohême, donna l'ordre que chaque soir un coup de trompette signalerait aux vivandières comme aux soldats l'heure de boucher le tonneau et d'arrêter les beuveries. Car Wallenstein, lui, tenait à atteindre ses objectifs : détacher la Bohême de l'Empire et se l'approprier, ce qui causera d'ailleurs sa perte, puisqu'il sera trahi par ceux-là même qu'il croyait lui être dévoués. SCHILLER a immortalisé ce personnage dans une trilogie : *"Wallensteins Lager"* ; *"Die Piccolomini"* ; *"Wallensteins Tod"* (1798/99).

Voilà donc, comment on est passé du bouchon à la trompette ... bouchée ou non.

L'histoire du mot *Zapfenstreich* et l'évocation de la guerre font penser à un autre mot bien allemand et bien étonnant :

der Schlachtenbummler : le supporter.

Il s'agit d'un composé de *die Schlacht* : la bataille (de *schlagen* : battre, frapper), et de *bummeln* : flâner. Lequel *bummeln* est une onomatopée, formée à partir du plus grave des sons de cloche : *bim – bam – bum*, et signifiant, à cause du lent mouvement du battant, d'abord : se balancer, puis : se balader, et aujourd'hui : flâner. *Der Schaufensterbummel* : le lèche-vitrines, est une variante moderne de cette flânerie.

Mais revenons aux *Schlachtenbummler* : c'est ainsi que, pendant la guerre de 1870, les soldats allemands appelaient les civils venus au front par simple badauderie. A défaut de champ de bataille – encore que... –, les *Schlachtenbummler* d'aujourd'hui vont de stade en stade : de spectateurs simplement curieux et passifs, ils sont devenus supporters engagés – et parfois plus actifs qu'on ne le souhaiterait...

ASTNACHT

Fastnacht : le carnaval

Le mot signifie littéralement "la nuit du carême" et n'évoque pas, en tant que tel, une quelconque fête, mais plutôt un moment d'abstinence, de jeûne. Tout comme le terme français "carnaval", d'ailleurs, qui vient du latin *carne vale* : adieu la (bonne) chair... Mais comme la *Fastnacht* était en fait la nuit précédant le carême, plus exactement la nuit précédant *Aschermittwoch*, le mercredi des Cendres, elle était effectivement une nuit de fête, de "fastes" avant la période de jeûne.

L'allemand connaît aussi le terme *"Karneval"*, plus tardif que *Fastnacht* et employé surtout dans le Nord, plus particulièrement à Cologne par exemple, dont les *Karnevalsumzüge*, les défilés exubérants et richement costumés, sont célèbres. D'ailleurs : si dans le Sud, on semble se contenter du mardi, *Faschingsdienstag*, pour donner libre cours à toutes les excentricités plus ou moins bouffonnes, la fête s'étend très officiellement sur plusieurs jours dans le Nord, et y culmine le lundi, appelé *Rosenmontag*. Que l'on ne se trompe pas sur le mot : *Rosenmontag* n'a rien à voir avec les roses, mais vient de *rasen* : se déchaîner, qui, dans le parler rhénan se dit *roasen* et donne l'adjectif *rösig* qui désigne une personne particulièrement turbulente.

Dans le Sud de l'Allemagne ou en Autriche, c'est le mot *"Fasching"* qui est d'usage, et l'on suppose qu'il s'agit d'une contraction de *Fast-schank*, ce qui serait une confirmation du fait que la boisson et l'ivresse font partie intégrante de la fête. Mais le mot *Fasching* fait penser surtout aux costumes fantaisistes du *Faschingsdienstag* déjà cité, et aussi aux fameux *Faschingskrapfn*, ces beignets fabriqués prioritairement dans cette période – et qui, à l'origine, devaient être la spécialité traditionnelle de la *Fast-nacht,* comme le sont, en France, les crêpes à la Chandeleur.

Voilà pour l'esprit. Mais revenons un peu à la lettre : *Fastnacht* est donc un composé de *Nacht* : la nuit, et du verbe

fasten : faire carême, être à la diète, voire, aujourd'hui : faire régime, une activité devenue, si l'on en croit la littérature produite à ce sujet, plus importante que celle de simplement manger... Et ce verbe *fasten* vient à son tour de

fest / fast : être ferme : *"fest sein im Durchhalten"*, "être ferme et persévérant" !

Le fait que le mot

fast finisse par prendre, en allemand, le sens de : "presque, à peine", et en anglais le sens de : "rapide", peut nous laisser perplexes ou rêveurs devant notre *fast-food* désormais international ! Que de chemin parcouru par un petit mot de rien du tout, partant des fastes d'une veille de carême pour, en passant par le stoïcisme d'une abstinence, aboutir à cette "presque-bouffe-rapide" que l'on peut bien appeler à plus d'un titre : "néfaste" !

AHLZEIT

***"Mahlzeit !"* : "Bon appétit !"**

die Mahlzeit : le repas, littéralement : le moment du repas
das Mahl : le repas

Certes, ce dernier mot a, dans la langue courante actuelle, cédé la place à l'infinitif substantivé *das Essen* : le (fait de) manger, mais nous le rencontrons dans nombre de mots composés tels que *Mahlzeit*, justement – *drei Mahlzeiten pro Tag* : trois repas par jour –, ainsi que dans

das Gastmahl : le festin, le banquet, litt. le repas (donné en honneur) d'un hôte

das Abendmahl : le dîner, mais surtout : la Cène

Quand on s'interroge cependant sur ce que ce "repas" peut bien avoir à voir avec le verbe *mahlen* : moudre, et qu'on établit déjà dans la tête quelque rapport avec la mastication, on découvre qu'il s'agit, pour ce verbe, d'une tout autre famille – celle de *zermalmen* : broyer, *das Mehl* : la farine, *die Mühle* : le moulin, *der Müller* : le meunier, voire *der Müll* : les ordures.

Le terme *das Mahl*, le repas – cf. angl. *meal* –, indiquait longtemps non pas le contenu de ce "repas", mais le moment : c'était *"Mahlzeit"*, justement, un moment qui revenait à heures fixes. Un moment si attendu peut-être, que *"Mahlzeit !"* est devenu le souhait de "bon appétit !" Une sorte de cri de joie : ça y est, c'est l'heure !

La parenté étymologique de *Mahl* n'est donc pas à établir avec *mahlen*, mais – et ceci n'est plus conscient aujourd'hui, mais pas moins intéressant pour autant – avec :

das Mal : la marque, le signe

En effet : ce moment fixe du repas rythmait le temps, le marquait. Et cette acception temporelle de *Mal* se trouve encore aujourd'hui dans certaines tournures et composés :

> *zum ersten Mal* : pour la première fois
> *einmal, zweimal, dreimal...* : une fois, deux fois trois fois...
> *es war einmal...* : il était une fois
> *er hat mir einmal gesagt...* : il m'a dit un jour...
> *das Merkmal* : le signe distinctif
> *das Denkmal* : le monument, la pierre commémorative

> *das Grabmal* : la tombe, la pierre tombale
> *das Muttermal* : le grain de beauté
> *das Wundmal* : la cicatrice ; *die Wundmale Christi* : les stigmates du Christ

Mais ce n'est pas fini ! Le verbe
malen : peindre, est encore de la même famille. Cela s'explique par le fait qu'il désignait d'abord le fait de "marquer" un papier d'un trait, ou d'un ensemble de traits. D'où :

> *der Maler* : le peintre
> *die Malerei* : la peinture
> *das Gemälde* : le tableau, la toile
> *malerisch* : pittoresque...

N.B. Celui qui entend parler les Allemands, constate qu'ils n'arrêtent pas de dire
mal : une forme abrégée de *einmal*, bien sûr – dans le Sud on entend [am'ol] – mais qui ne signifie pas toujours, à la lettre, "une fois" :

> *"Kommen Sie mich doch mal besuchen !"* : Venez donc me voir un de ces jours !
> *"Hör doch mal zu !"* : Écoute, veux-tu !?
> *"Schau mal, wer da kommt !"* : Regarde un peu qui arrive !
> *"Er hat sich nicht (ein)mal bedankt !"* : Il n'a même pas dit merci !
> *" Na, dann woll'n wir mal : Mahlzeit !"* : Bon, on y va alors : bon appétit !

KARTOFFEL

die Kartoffel : la pomme de terre

A considérer le vocable qui désigne le légume national des Allemands – il est plat principal, légume ou "deuxième légume", c'est-à-dire accompagnement, un peu comme le pain l'est pour les Français –, on peut se demander d'où lui vient ce nom bizarre qui, même décomposé, ne donne guère quoi que ce soit de compréhensible.

On sait que la pomme de terre nous vient d'Amérique latine, (XVIIe siècle), et qu'elle a fait la conquête de l'Europe par l'Espagne d'une part, par l'Irlande et l'Angleterre de l'autre. C'est en Italie qu'on la comparait à la truffe, et qu'on lui a donné le nom de *Taratopholi*, un nom qui apparaît la première fois en Allemagne sous la plume de Guillaume IV de Hesse. Vers 1800, elle est appelée, dans la langue écrite (érudite ?) : *Tartuffeln, Tartüffeln*, des termes qui ont fini par donner *"Kartoffel(n)"*.

A quelques exceptions près, c'est aussi le mot couramment employé dans la langue parlée du Nord et de l'Est de l'Allemagne. Mais il existe, à travers les territoires de langue allemande, autant de noms régionaux pour ce précieux légume que de manières de l'accommoder, ou presque !

En Autriche et dans le Sud de l'Alsace, on dit *Erdäpfel* : littéralement : pommes de terre, mais aussi *Erdbirn* : poire de terre, ou encore, en dialecte carinthien par exemple, *Fletzbirn*. Ailleurs, elle est *Grundbirn* : poire du sol, si ce n'est *Batata* (Flandres), *Knolle* : bulbe (Brandebourg), *Erdkastanie* : chataigne de terre, *Erdrübe* : rave de terre, ou encore *Krumbere* (Alsace). Et quand les jeunes – et les moins jeunes – parlent aujourd'hui de *Pommes* – pron. ['pomès] –, ils parlent de pommes frites, celles qu'on mange à même le cornet et que l'on assaisonne – assassine ? – avec du ketchup ou de la mayonnaise, ou les deux à la fois...

Autant dire que pour la majorité des Allemands, *"Kartoffel"*, est un vocable, neutre et insipide. Il faut le mot du terroir pour évoquer un goût, une odeur, et cette saveur bien de chez soi. Il est possible, d'ailleurs, que ce soit la même chose en France. Est-ce qu'une "patate" a le même goût qu'une "pomme de terre" ? C'est une vraie question...

Si la pomme de terre est tant appréciée par les Allemands – elle connaît un petit regain de faveur depuis que des spécialistes affirment qu'elle ne fait pas grossir –, c'est peut-être aussi parce qu'à ses débuts, elle a permis aux gens de guérir d'une maladie très répandue, due au *Mutterkorn*, à l'ergot de seigle. Mais c'est déjà une autre histoire...

UTTERKORN

das Mutterkorn : l'ergot de seigle

C'est un petit champignon parasite qui empoisonne le grain des céréales. Le mot *Mutter-korn* vient de ce que l'on s'en servait, à doses bien mesurées s'entend, pour guérir certaines affections de l'utérus, appelé en allemand *Gebärmutter*.

L'ergot, cette maladie du seigle, s'était propagée autour de 1500, et provoquait chez les gens des troubles nerveux très graves, dus à l'empoisonnement (on sait depuis que l'ergot est un hallucinogène et sert, par exemple, à fabriquer le L.S.D.). Quand la pomme de terre est arrivée, on a mangé moins de pain, et ce fléau a peu à peu disparu.

Et voici un détail intéressant, raconté par un médecin, spécialiste de l'histoire de la médecine, devant "La Tentation de Saint Antoine", l'un des volets du Retable d'Issenheim (Musée Unterlinden, Colmar) : "Si Matthias GRÜNEWALD a peint ces monstres – ainsi que certains rouge-orangés et certains bleus sphériques d'autres volets –, c'est qu'il était "shooté" – à l'ergot de seigle ! Oui : le retable avait été commandé, en 1512, par les Antonites du couvent d'Issenheim. Or, les Antonites s'occupaient entre autres des "possédés du démon" qui n'étaient autres, en fait, que des gens atteints d'ergotisme. Et comme, par ailleurs, les cochons élevés dans la rue – c'était avant le ramassage des ordures ménagères – "appartenaient" aux Antonites, leurs pensionnaires mangeaient moins de pain, et leur état s'améliorait". Il n'y a aucune raison de mettre en doute les paroles de ce brave médecin...

 TIEFMÜTTERCHEN

das Stiefmütterchen : **la pensée**

Avant de raconter comment cette fleur arrive à ce nom, arrêtons-nous un moment au mot dont *Stiefmütterchen* est le diminutif :

die Stiefmutter : **la belle-mère, le mère adoptive, la marâtre.**

En effet : ce mot nous permet d'attirer l'attention sur le fait que la langue allemande – comme l'anglais d'ailleurs – fait la différence entre *Stief-mutter / -vater / -tochter...* et *Schwieger-mutter / -vater / -tochter*, c'est-à-dire entre le lien de parenté par adoption et le lien de parenté par mariage.

Le préfixe *Stief-* joint à un nom de parenté désigne donc en allemand un lien d'adoption. Cette désignation n'est pas forcément péjorative, bien que les contes de fée soient richement pourvus de *Stiefmütter* plutôt peu aimables, comme dans "Cendrillon", par exemple. D'ailleurs, *jemanden stiefmütterlich behandeln* veut bien dire, sans équivoque, traiter quelqu'un sans égards, négliger quelqu'un, tout comme *immer das Stiefkind sein* veut dire, au sens figuré, être l'éternel mal-aimé, celui qu'on oublie toujours, qui passe toujours après les autres. Il existait autrefois un verbe transitif que l'on pourrait orthographier aujourd'hui *bestiefen*, et qui signifiait : priver de parents ou d'enfants (cf. latin *privignus*, le fils adoptif, et frç. *priver*).

Pour le lien de parenté obtenu par mariage, l'allemand a formé, à partir de **der Schwager** : le frère de la bien-aimée, et le féminin *die Schwägerin* : la belle sœur, les composés *Schwiegermutter, Schwiegervater, Schwiegersohn, Schwiegertochter* : la belle-mère, le beau-père, le gendre, la bru.

Longtemps, le nom allemand pour "bru" avait été *Schnur*, que l'on trouve encore chez Luther (*"Naemi mit ihrer Schnur Ruth"*). Mais l'homonymie avec *die Schnur* : la ficelle, avait fini par être trop gênante et l'on a abandonné ce terme au profit de *Schwiegertochter*.

Par ailleurs, *Schwager* était également, au XVIIIe siècle, une manière de s'adresser à un non-étudiant – cf. GOETHE : *"Schwager Chronos"* –, par opposition au *Bruder*, "titre" par lequel les étudiants s'appelaient entre eux. Ce qui explique d'ailleurs le nom des corporations d'étudiants : *Bruderschaften*, ou l'expression *Bruderschaft trinken* : boire un verre pour accueillir quelqu'un dans la corporation, et aujourd'hui : trinquer (de *trinken*, bien sûr !) pour passer au tutoiement.

Que la pensée – la fleur – s'appelle en allemand

das Stiefmütterchen – une dénomination attestée depuis le début du XVIIe siècle – peut surprendre. Or, voici l'explication de ce nom que nous devons sans doute à un botaniste particulièrement attentif : cette "viola tricolor" présente en effet une distribution particulière de ses cinq pétales par rapport à ses cinq sépales : le plus grand pétale – "la mère" – repose sur deux sépales – "chaises" –, les deux pétales latéraux – "les filles" – en occupent chacun une, tandis que les deux derniers pétales – les *"Stieftöchter"*, les filles adoptives traitées injustement – sont obligées de se partager le sépale restant. Voilà donc bien une histoire de marâtre. Toutefois : ce jugement un peu sévère est atténué par le diminutif : *Mütterchen*, un mot que l'on préfère dire intraduisible, car c'est bien plus qu'une "petite mère".

Le poète et narrateur Theodor STORM (1817-1888), a donné à une nouvelle autobiographique où il parle avec beaucoup de douceur des difficultés du remariage, le titre *"Viola tricolor"*, justement : *Stiefmütterchen*, le nom de fleur pour "mère adoptive"....

 **DVENT**

der Advent **: l'Avent**
die Adventszeit : le temps de l'Avent
der Adventsonntag : le dimanche d'Avent

Du latin *adventus* : l'arrivée. *Advent* désigne le temps précédant Noël, plus précisément les quatre semaines avant Noël, le premier dimanche d'Avent – *der erste Advent(sonntag)* – marquant le début de l'année ecclésiastique.

Mais, comme pour la fête de Noël, nous avons affaire ici à une très ancienne coutume païenne concernant toute cette période qui précède le retour de la lumière. *Der Adventkranz* : la couronne d'Avent, fait encore aujourd'hui totalement partie, dans les pays germaniques, de la préparation de Noël : il s'agit d'une couronne plus ou moins élaborée mais portant impérativement quatre bougies, une – de plus – pour chaque dimanche, que l'on allume en attendant le *Christbaum*, l'arbre de Noël qui sera le couronnement et la récompense de cette attente du retour du soleil. En Suède, Sainte Lucie (le 13 décembre) est fêtée de la manière suivante : une jeune fille de la maison porte une couronne ornée de bougies et représente ainsi la lumière, l'annonce de son retour.

Il faut savoir que tout ce temps de l'Avent est très important dans les foyers allemands. On prépare Noël : la maison sent la cannelle ou l'anis qui parfument les petits gâteaux de Noël, on ressort les partitions pour répéter la musique instrumentale ou les chants que l'on jouera et chantera le soir du 24 décembre, on prépare, dans le plus grand secret, mais aussi dans telle ou telle complicité exaltée, les cadeaux. Bien sûr que la présence d'enfants dans une maison rend ce temps de l'attente encore plus intense et tous les souvenirs d'adultes, écrits ou racontés, en témoignent. Et s'il est vrai que dans l'Allemagne d'aujourd'hui – comme partout ailleurs ! – l'exploitation commerciale de cette fête peut irriter, que les chants de Noël trop généreusement diffusés par les haut-parleurs peuvent agacer, il n'en demeure pas moins que dans les foyers de culture germanique, l'atmosphère d'intimité familiale, de préparation et d'attente – une notion tellement oubliée dans nos sociétés du tout-tout-de-suite – est restée inchangée : *Advent* continue d'être un moment privilégié de l'année.

Il est un personnage lié à cette période avant Noël, **Knecht Ruprecht**, dont la traduction française par "père Fouettard" peut poser question. *Ruprecht* est un nom propre, et *Knecht* veut dire aujourd'hui : le valet de ferme. Chez LUTHER, le mot signifiait encore plus généralement : le serviteur, et l'homme était par définition *Knecht Gottes* : serviteur de Dieu. Dans la langue courante actuelle, nous trouvons les composés *Holzknecht* : le bûcheron, *Stallknecht* : le palefrenier, mais aussi *Stiefelknecht* : le tire-botte.

Il est curieux de constater que ce mot ait connu une toute autre évolution en anglais, où *knight* veut dire le chevalier, ou encore dans les pays scandinaves, où *knagg(e)* désigne à la fois un homme trapu et fort, et : un bâton, un gourdin. Et ce dernier sens expliquerait la traduction française de *Knecht Ruprecht* par : père Fouettard. C'est en effet le compagnon de Saint Nicolas, chargé de "fouetter" les enfants qui n'ont pas été sages, avant la distribution des cadeaux.

En Autriche, ce père Fouettard s'appelle *Krampus* – origine du mot inconnue – et il a tous les attributs du diable : habits en fourrure noire, langue rouge, cornes et pieds fourchus. Il s'annonce avec un vacarme de chaînes et porte parfois une hotte dans laquelle il menace d'emmener les enfants peu sages... directement en enfer. Certains grands-parents aiment raconter qu'ils ont été ainsi embarqués et... vidés dans le tas de neige le plus proche.

EIHNACHTEN

Weihnachten : Noël

Composé de *weihen* : sacrer, bénir, et *die Nacht* : la nuit, – le *-en* est la marque d'un datif : à la Noël –, *Weihnachten* est, tout comme *Ostern* : Pâques, un mot païen qui a été adapté par la suite à la fête religieuse chrétienne, "christianisé" si l'on veut.

En effet, dans les pays nordiques, où le soleil finit par complètement disparaître en décembre, on avait l'habitude, pendant cette longue *"Rauhnacht"* – litt. la nuit rude, inclémente –, de se réunir à tour de rôle dans les fermes du voisinage où chacun apportait, dit-on, sa bûche pour alimenter le feu. Les bougies de la couronne d'Avent et de l'arbre de Noël en sont bien sûr la survivance, ainsi que peut-être – mais par quels mystérieux détours ? – cette pâtisserie appelée "bûche de Noël" qui, curieusement, n'existe pas en Allemagne. Et qui, en Angleterre, s'appelle "yule-log".

Ce qui nous conduit à nous rappeler que *"das Julfest"* était le nom de la fête germanique pour célébrer le solstice d'hiver. Hitler, pour qui le mot *Weihnachten* n'était sans doute pas assez germanique, a fait appeler la fête de Noël : *Julfeier*, de cet ancien nom païen, encore vivant dans les pays scandinaves : *Jul*.

Les peuples nordiques fabriquaient d'ailleurs à l'occasion de cette fête le *Julbrot*, un "pain" spécial en forme de soleils, de serpents ou de cornes, dont la fameuse *Weihnachtsbäckerei*, ces petits gâteaux de Noël aux formes et aux parfums si variés, sont certainement la survivance.

Et la coutume de se faire des cadeaux "en cachette" est également très ancienne. Le *Julklapp* – de *Jul* : Noël en scandinave, et *klapp* : frapper à la porte – était un cadeau dûment emballé que le donataire, qui voulait rester anonyme, lançait dans la pièce après avoir frappé à la porte en criant : *"Julklapp !"* On peut bien sûr sourire de la relativité de cet anonymat, la voix pouvant parfaitement "trahir" le donataire, mais n'est-ce pas toute la saveur du secret que de ne l'être jamais tout à fait ? Les mots allemands le savent bien, d'ailleurs, puisque *"heimlich"* veut dire à la fois "secret" et – aujourd'hui sous la forme de *"heimelig"* – "intimement connu et familier" (voir HEIMAT).

 **STERN**

***Ostern* : Pâques**
das Osterfest : la fête de Pâques

Alors que le vocable français vient de l'hébreu *pesah*, ou *passah* : passage – fête judaïque qui commémore l'Exode –, le mot allemand *Ostern* et l'anglais *Easter* remontent sans doute au nom d'une déesse germanique : **Austrô* ou encore *Eostrae* ou *Ostara*, la déesse du printemps – peut-être aussi celle de l'aurore – à laquelle nous devons aussi *Osten* : le levant, l'est. La fête de la résurrection du Christ s'est donc substituée à la traditionnelle fête du printemps païenne.

Curieusement, le néerlandais a opté pour *Paschen*, et dans l'extrême nord-ouest de l'Allemagne nous trouvons, parallèlement à *Ostern*, le mot dialectal *Pasche(n)*, ainsi que, pour les oeufs de Pâques : *Pascheeier*. On comprend que les étymologistes aient du mal à se mettre d'accord sur l'origine "véritable" – gr. *etumos* : vrai – du mot.

Ostereier : oeufs de Pâques

Dans tout le monde chrétien sont bénits, le samedi ou le dimanche de Pâques, des oeufs dont la consommation était interdite pendant le carême – *Fastenzeit* – ; des oeufs décorés – colorés ou peints – comme ce fut la coutume pour tout objet présenté à la bénédiction. Le symbolisme de l'oeuf, promesse de vie, est évident, et la tradition des œufs de Pâques demeure très vivante de nos jours, non seulement en Allemagne, mais aussi dans les pays slaves.

der Osterbase : le lièvre de Pâques.

Véritable "institution" dans les pays germanophones : c'est lui qui apporte les oeufs, au besoin les cache dans de petits nids disséminés dans le jardin et c'est alors toute une excitation, le matin de Pâques, pour les chercher et les découvrir. L'origine de ce "lièvre" est mal connue. Pour certains, il aurait été le symbole de la déesse du printemps, pour d'autres, il aurait été tardivement "inventé" pour la joie des enfants, pour d'autres encore il viendrait du *Osterbrot* : le pain pascal, une brioche en forme de lièvre avec un oeuf dans son "ventre", le lièvre n'étant autre qu'une déformation involontaire de l'agneau pascal... Ce qui semble certain, c'est que tout comme les œufs de Pâques, le lièvre de Pâques soit d'inspiration chrétienne, et totalement absent des coutumes germaniques.

FINGSTEN

Pfingsten : la Pentecôte

Pâques et la Pentecôte sont ce que l'on appelle des fêtes mobiles. Mais si, effectivement, le dimanche de Pâques est toujours le premier dimanche suivant la première pleine lune du printemps (qui, lui, commence 21 mars), la Pentecôte "suit" cette mobilité dans un délai bien défini : sept semaines, ou plus exactement cinquante jours. Et c'est précisément ce que dit le mot *Pfingsten* : du gr. *pentekostê* : le cinquantième. Comme pour Weihnachten et Ostern, le *-n* final est la marque d'un datif, quant au *Pf-* initial, il est dû à une mutation consonantique que nous trouvons par exemple aussi dans *Pfeife* : pipe, ou encore dans *Pforte* : porte, et tant d'autres mots.

La Pentecôte étant une fête exclusivement chrétienne, la langue allemande a donc simplement intégré le mot grec, sans chercher à le traduire. Il n'en est que plus étonnant qu'en dialecte bavarois, on appelle le jeudi – effectivement cinquième jour de la semaine – : *Pfinztag*. Sans se douter que cette appellation quelque peu "barbare" est en fait un mot très savant...

L'Église a de tout temps considéré les cinquante jours entre Pâques et la Pentecôte comme une période de joie, et la croyance populaire en a fait une période de grâce. En effet, on dit – ou disait – que pendant ces cinquante jours, les portes de l'enfer étaient fermées, celles du Paradis grand'ouvertes, si bien que les âmes pouvaient y entrer sans difficulté. Était donc considéré comme particulièrement bon et digne de cette grâce celui qui mourait entre Pâques et la Pentecôte.

Dans certains villages ou villes survit une fête, soit sous forme d'une course à cheval, *Pfingstreiten*, soit sous forme d'un concours de tir qui couronne alors le *Pfingstkönig*, soit encore sous forme d'un défilé, où un boeuf orné de rubans et de couronnes hauts en couleurs, *der Pfingstochse*, est conduit à travers le bourg avant d'orner à son tour la table du festin. Mais l'aspect très païen de ces fêtes dont certaines se confondent d'ailleurs avec la commémoration des survivants de la "grande peste" n'est venu s'ajouter qu'après-coup à la fête chrétienne commémorant, elle, la descente du Saint Esprit sur les apôtres.

 AHR

das Jahr : l'année

S'il est certain que la notion d'année est, pour ce qui est de l'allemand *Jahr* ou pour l'anglais *year*, d'origine germanique – *jera* –, l'hypothèse d'une racine indo-européenne *ie* voulant dire "aller" et se reportant à la course du soleil est certes plausible et séduisante, mais non pas prouvée.

Quoi qu'il en soit : nous trouvons l'ancien *jera* dans deux autres mots de la langue actuelle :

beuer : cette année – de *hiu jaru* –, qui a ensuite donné le verbe allemand *heuern* : engager un matelot (à l'année), l'anglais *to hire*, – *hire and fire* –, le néerlandais *te hur* : à louer, qui revient à l'allemand avec *die Hure* : la prostituée...

beute : aujourd'hui – de *hiu tagu* : ce jour-ci.

Quant à savoir si l'année se comptait en printemps ou en hivers, nous sommes plus ou moins réduits à des hypothèses. On sait que ce fut très variable selon les pays, décidé à l'origine en fonction du climat, et l'on suppose que pour les peuples du Nord, l'année commençait au début de l'hiver, au moment où l'on devait rentrer le bétail. Ce qui expliquerait que le cheval âgé d'un an s'appelle, dans certains dialectes *Einter*, ou *Enter* – de : *ein-wintre* : un hiver –, et qu'en anglais le mouton âgé de deux ans s'appelle *twinter* – de : *twi-wintre*. Toujours est-il que les différents peuples avaient des raisons "naturelles" de compter les années et que la décision de Jules César, en 46 avant notre ère, de fixer le début de l'année au 1er janvier a mis très longtemps à avoir raison des habitudes ancestrales. Car les hommes avaient beau décider du calendrier, c'est tout de même Dieu qui faisait la pluie et le beau temps.

La langue allemande, comme aussi l'anglais d'ailleurs, tient à distinguer le temps qui passe du temps qu'il fait :

***das* Wetter** : le temps qu'il fait. Un mot que l'on dit apparenté à *der Wind* : le vent, ce que prouveraient les mots *das Gewitter* : l'orage, *der Wetterbahn* : la girouette, *das Wetterdach* : l'auvent, etc. Quant au temps qui passe,

***die* Zeit**, le mot vient également d'un phénomène naturel : la marée, comme le prouvent encore l'anglais *tide* et l'allemand *die Gezeiten*. Ce sont donc les marées qui "découpaient" le temps, et le mot *Zeit* ainsi entendu se met alors à respirer, lentement, régulièrement, et fait prendre conscience combien *das Tempo* qui signifie certes toujours "la cadence", a surtout pris, aujourd'hui, le sens de "vitesse". Est-ce que toutes les discussions sur le *Tempolimit* : la limitation de vitesse, ne seraient-elles pas aussi l'expression d'une certaine nostalgie de ce "bon vieux temps", où *die Zeit* était rythmé par la lune, et où *das Jahr* n'avait pas 365,25 jours, ou 8 766 heures, ou 525 960 minutes qui tombent de notre montre à quartz dans Dieu sait quel vide, mais suivait le soleil et se comptait en printemps, ou en hivers, en tout cas selon les saisons, les *Jahreszeiten*, dont on savait qu'elle reviennent toujours ?

Index français et allemand

à droite 50
à gauche 51
à peine 147
abandon 125
abandonner 125
accouchement 70
affaire 121
agréable 90
aimer bien 48
aliénation 145
allaiter 71
allemand 38, 39
ambition 94
âme 88, 89
angoisse 84
année 157
annuler 123
appartenir 63
après-coup 23
aptitudes 94
ardeur au travail 95
argent 57
art 130
Art nouveau 138
aspiration 91
aspirer à 91
assemblée 50
assiduité 95
auberge 31
"Aufklärung" 112
aujourd'hui 158
Avent 153
aventure 28
avoir de la valeur 94
b-a-c-h 131
ballade 102
Bauhaus 141
beffroi 31
belle-mère 151
besoin 86
Biedermeier 136
bien-être 90
Bon appétit ! 148
boulevard 31
boutade 116
Cacanie 139
calme 89
caractère 34
carnaval 146

cassé 82
centime 56
cette année 157
chancelier 49
chanson 106
charitable 54
chic 24
choisir 44
choix 44
chose 120, 121, 122
choucroute 31
citoyen 42
coeur 89
comprendre 119
concept 119
"conception du monde" 114
confort 90
confortable 90
conserver 123
consolation 99
conte de fées 108
corps 80
coulpe 95
courage 90
couvre-feu 145
crainte 85
créer 53
culture 59
décevoir 20
déluge 96
demoiselle 79
dénuement 40, 86
dépêche d'Ems 45
désespérer 124
désirer 48, 91
détresse 40, 86
détruit 82
dette 95
devise 57
devoir 125
devoir moral 95
dire 119
distance 20
domaine 47
don 83, 98
donner à faire 125

douillet 90
doute 123
droit 51
écouter 63
écu 56
éducation 61
éduquer 62
"effet de distanciation" 142
efficacité 94
élection 44
élever 62
empire 47
entendre 63
envoyer 125
épouse 78
ergot de seigle 150
essence 75
estime 85
être 75
être à la diète 147
être capable 94
être d'avis 119
être enceinte 71
être humain 77
être majeur 66
exemple 124
expiation 97
faire carême 147
faire confiance 99
faire de l'élevage 63
faute 95
femme 78
fidèle 99
"fleur bleue" 92
formation 59
forme de politesse 68
fortune 48
gagner 54
garder 123
héritage 54
homme 77
huguenot 29
image 59
imagination 60, 61
indispensable 87

inévitable 87
inflexion 32
inquiétante étrangeté 41
instruction 59
interpréter 118
intime 90
intimité 90
inutilisable 82
jalousie 93
jeune fille 79
langueur 91
lettre 34
Liberty 138
"lied" 106
lièvre de Pâques 156
lire 35
littérature allemande 111
livre 34
Madame 78
mal du pays 40
manie 91
"marche" 55
mari 77
Mark 55
marque 148
mère adoptive 151
mériter 54
mettre au monde 70
misère 40
modèle 124
monnaie 57
mort 72
"Mort aux vaches !" 31
mot d'esprit 116
naissance 70
ne pas 76
nécessaire 87
nécessité 87
nigaud 43
Noël 154
nommer 64
nostalgie 91
notion 119
obéir 63

objet 122
oeufs de Pâques 156
"Offrande musicale" 98
ordonner 64
palper 119
Pâques 155
par coeur 87
pari 58
parlement 50
particules 19
passion 91, 94
pâte d'amande 28
pauvre 53
pays natal 40
peindre 149
pensée 151, 152
penser 115, 119
Pentecôte 156
père Fouettard 154
peuple 39
peur 84, 85
plaisanterie 116
poison 83
pomme de terre 149
poster 125
pouvoir 48
préfixes 23
presque 147
prince 43
prince électeur 43
réconciliation 97
réconfort 99
reconnaissance 116
réfléchir 115
remerciement 116
renoncer à 125
repas 148
respect 85
rien 77
rococo 133
"Le Roi des Aulnes" 102
s'appeler 64
sacrifice 98

saluer 67	signe 148	suspect 116	toucher 119	vers 104
salutation 67	signification 118	tableau 59	tour d'adresse 131	versification 104
"Sanssouci" 134	signifier 64, 118	tâche 125	traduction 125	victime 98
savoir 117	sincérité 51	temps 158	travailler 52, 53	vie 71
secret 41	soulever 123	temps qu'il fait 158	tronc 80	voter 44
se languir de 91	"Sturm und Drang" 110	tendre vers 91	une fois 149	vouloir dire 118
sens 118	suffixes 24	tête 81	urgence 86	walkyrie 44
sentiments 89	supporter 146	thaler 56	ventre 80	
seul 30				

Abenteuer 28
ADVENT 153
ANGST / FURCHT 84
ARBEITEN 52
arm 53
AUFGABE 125
AUFHEBEN 123
AUFKLÄRUNG 112
Aufrichtigkeit 51
aus- 21
Ausbildung 60
auswendig 87
B-A-C-H 131
BALLADE 102
-bar 25
BAUHAUS 141
BEDEUTEN 118
Bedeutung 118
begreifen 119
BEGRIFF 119
BEISPIEL 124
Bertolt BRECHT 142
bieder 136
BIEDERMEIER 136
Bild 59
bilden 59
BILDUNG 59
Buch 34
BUCHSTABE 34
Bundeskanzler 49
BUNDESTAG 50
BÜRGER 42
Dank 116
"Das Musikalische Opfer" 98
"Der Hungerkünstler " 17
DENKEN 115
deuten 118
DEUTSCH 38
DING / SACHE 120
Ehrfurcht 85

EHRGEIZ 94
Eifersucht 93
Einbildung 60
Elend 40
EMSER DEPESCHE 45
ent- 20
Entbindung 70
Entfernung 20
Entfremdung 145
enttäuschen 20
er- 21
Erbe 54
ERLKÖNIG 102
erziehen 62
ERZIEHUNG 61
fast 147
fasten 147
FASTNACHT 146
Fleiß 95
FRAU / WEIB 78
Fräulein 79
frères GRIMM 108
Furcht 85
Fürst 43
Ge- 24
GEBURT 70
gebären 70
Gegenstand 122
GEHORCHEN 63
gehören 63
Geld 57
GEMÜT 89
gemütlich 90
Gemütlichkeit 90
GIFT / GABE 83
GRÜSSEN 67
Grüß Gott! 67
Guten Tag 67
HAUPT / KOPF 81
HEIMAT 40
heimlich 41
Heimweh 40
HEISSEN 64
Heller 56
Herberge 30
heuer 157

heute 158
Hilflosigkeit 26
horchen 63
hören 63
hörig sein 64
Hugenotte 29
JAHR 157
JUGENDSTIL 138
KAKANIEN 139
Kanzleisprache 50
KANZLER 49
kaputt 82
KARTOFFEL 149
Knecht Ruprecht, 154
KUNST 130
Kunststück 131
Kur- 43
KURFÜRST 43
Kurfürstendamm 44
LEBEN 71
LEIB / KÖRPER 80
Leidenschaft 94
LESEN 35
LIED 106
links 51
-los 25
MACHT 48
Mädchen 79
MAHLZEIT 148
Mal 148
mal 149
malen 149
MÄRCHEN 108
MARK 55
Marzipan 28
MEINEN 119
MENSCH / MANN 77
mögen 48
Muckefuck 30
MÜNDIG 66
Mut 90
MUTTERKORN 150

mutterseelenallein 30
nach- 22
nachdenken 115
nachträglich 22
NICHT 76
NOT 86
notwendig 87
Notwendigkeit 87
Objekt 122
OPFER 98
Ostereier 156
Osterhase 156
OSTERN 155
Pfennig 56
PFINGSTEN 156
Phantasie 61
RECHT 51
rechts 51
REICH 47
Reichstag 50
Respekt 85
ROKOKO 133
Sache 121
SANSSOUCI 134
-sam 26
Sauerkraut 31
schaffen 53
Schildbürger 43
Schlachtenbummler 146
SCHULD 95
Schwager 152
schwanger sein 71
SEELE 88
SEHNSUCHT 91
sehr geehrt 67
sich sehnen nach 91
SINTFLUT 96
sollen 95
Stiefmutter 151
STIEFMÜTTERCHEN 151
stillen 71
STURM UND DRANG 110
Sucht 91

Sühne 97
Taler 56
TOD 72
totschick 30
treu 99
TROST 99
tüchtig sein 94
Tüchtigkeit 94
UMLAUT 32
un- 77
Unheimliche 41
unmündig 66
Ur- 23
verdächtig 116
verdanken 96
VERDIENEN 54
VERFREMDUNGSEFFEKT 142
VERS 104
Versöhnung 97
(ver)trauen 99
verzweifeln 124
VOLK 39
Vormärz 137
Wahl 44
wählen 44
WÄHRUNG 57
Walküre 44
WEIHNACHTEN 154
WELTANSCHAUUNG 114
werken 52
WESEN 75
WETTE 58
Wetter 158
wissen 117
WITZ 116
ZAPFENSTREICH 145
Zeit 158
zer- 21
Zucht 62
züchten 63
ZWEIFEL 123

IMPRESSION - FINITION
Aubin Imprimeur, 86240 Ligugé. — D.L. janvier 1995. — Impr. L 48346